Reich
werden

Schritt für Schritt
zur ersten Million

www.N24.de
www.suedwest-verlag.de

SÜDWEST

INHALT

2

Reich werden durch Existenzgründung 120

WENN IHNEN DAS GELD DURCH DIE FINGER RINNT

»Ich kann nicht sparen, ich habe gar kein Geld, das ich anlegen könnte« – das bekommen wir oft zu hören, wenn wir mit Normalverdienern über die Möglichkeiten des Vermögensaufbaus sprechen. Doch sehr oft genügt dann schon ein ganz einfaches Beispiel, um den Zweiflern das Gegenteil zu beweisen: Im Schnitt gibt nämlich eine Familie pro Jahr rund 5.000,– DM für ihre privaten Versicherungen aus – obwohl sie denselben Schutz auch zum halben Preis bekommen könnte. Trotzdem nutzen viele solche und viele weitere Sparmöglichkeiten nicht. Viele haben das Geld, aber sie geben es einfach falsch aus – es rinnt ihnen durch die Finger. Und das ist eigentlich kein Wunder. Denn in der Schule haben wir zwar Lesen, Schreiben und Rechnen gelernt – aber wie man mit Geld bewusst umgeht, das steht nirgendwo auf dem Lehrplan.

Vermögen zu bilden ist nicht so schwer, wie viele Menschen annehmen.

Der erste Schritt, »reich« zu werden, ist deshalb meistens der schwerste: Wir müssen unsere Gewohnheiten ändern, zumindest für eine kurze Zeit unsere Bequemlichkeit überwinden. Denn solange wir bequem sind, machen wir es denen leicht, die uns das Geld aus der Tasche ziehen und in ihre eigene umleiten wollen, indem sie uns teure Kredite, miserable Geldanlagen und unnötige Versicherungen aufschwatzen oder zu viel Geld für schlechte Ware abknöpfen. Wer aber einmal seine Bequemlichkeit überwunden und festgestellt hat, wie viel Geld er durch seine eigene Wachsamkeit sparen kann, der hat den wichtigsten und schwersten Schritt bereits getan.

Dabei, diesen Schritt zu tun, Ihr Geld festzuhalten und mehr daraus zu machen, viel mehr – dabei möchten wir Ihnen mit diesem Buch helfen.

Matthias MüllerMichaelis & Katharina Richter

WIE LANGE DAUERT ES, REICH ZU WERDEN?

Wer reich werden will, muss dafür nicht unbedingt im Lotto gewinnen. Denn Vermögen zu bilden ist nicht so schwer, wie viele Menschen glauben. Man benötigt weder ein immenses Startkapital, noch müssen viele Jahrzehnte ins Land gehen, bis man es zu Reichtum gebracht hat.

Wir wollen Ihnen das anhand von Zahlenbeispielen und mit vielen praktischen Tipps demonstrieren. Dafür haben wir uns einmal Wertentwicklungen aus der Vergangenheit angeschaut und als Rechengrundlage genommen. Dies ist eine verlässliche Möglichkeit, verschiedene Anlageformen auch für die Zukunft miteinander zu vergleichen. Wie viel Vermögen hätten Sie also heute zur Verfügung, wenn Sie vor 20 Jahren 10.000,– DM einmalig angelegt hätten? Zum Vergleich haben wir verschiedene Anlageformen berücksichtigt.

Wer bewusst mit seinem Geld umgeht, kann es weit bringen.

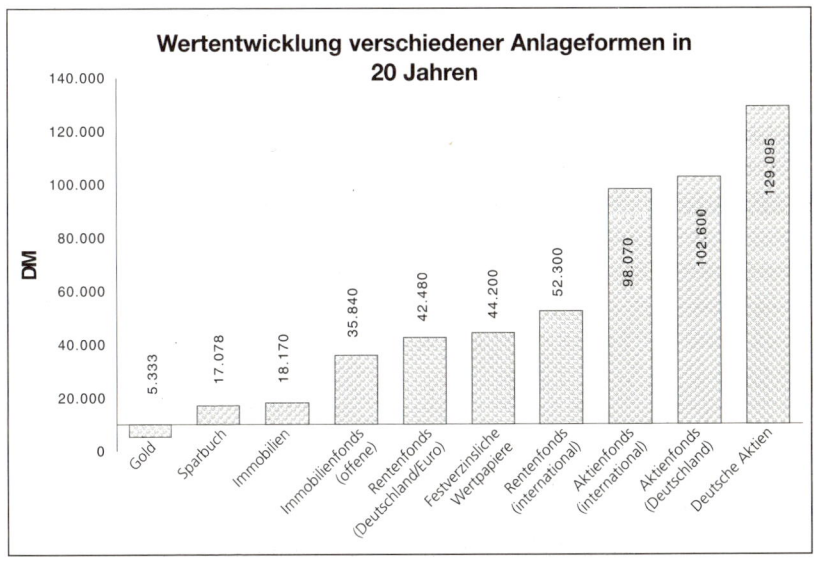

Wertentwicklung verschiedener Anlageformen in 20 Jahren

Anlageform	DM
Gold	5.333
Sparbuch	17.078
Immobilien	18.170
Immobilienfonds (offene)	35.840
Rentenfonds (Deutschland/Euro)	42.480
Festverzinsliche Wertpapiere	44.200
Rentenfonds (international)	52.300
Aktienfonds (international)	98.070
Aktienfonds (Deutschland)	102.600
Deutsche Aktien	129.095

Mit der Anlage in Aktien ließ sich also am meisten Geld machen: Wer so schlau war, vor 20 Jahren einmalig 10.000,– DM an der Börse zu investieren, besitzt heute immerhin knappe, aber doch stolze 130.000,– DM.

Was diese Grafik allerdings nicht berücksichtigt, ist das Risiko, das hinter den Anlageformen steckt. Und da gehört das Spekulieren an der Börse zu den risikoreichsten Methoden, Vermögen aufzubauen. Hier muss der Anleger seine persönlichen Präferenzen einschätzen.

Dient das Vermögen der späteren Lebensgrundlage, dann sollte dessen Aufbau nicht allzu risikoreich sein. Doch dazu an späterer Stelle mehr.

Wer früh mit dem Sparen beginnt, hat später im Alter ein gutes Auskommen. Zunächst wollen wir Ihnen noch eine weitere Zahlenspielerei vorstellen: das monatliche Sparen. Viele Anleger bevorzugen es, jeden Monat etwas beiseite zu legen, wollen oder können nicht eine große Summe einmalig festlegen.

Bei diesem Beispiel geht es um die durchaus interessante Frage, wie viel über welchen Zeitraum monatlich gespart werden muss, um mit 65 Jahren in den Genuss von einer halben Million zu kommen. Die nachfolgende Tabelle gibt darauf aufschlussreich Antwort.

Eine halbe Million mit 65 Jahren

So viel DM müssen Sie monatlich sparen, um mit 65 Jahren 500.000,– DM zu haben

Startalter	3 % Zins	4 % Zins	5 % Zins	6 % Zins	7 % Zins	8 % Zins
20	442	337	254	190	141	103
25	544	429	336	261	201	154
30	678	554	449	362	291	232
35	862	727	611	511	425	353
40	1.125	979	850	736	635	547
45	1.526	1.370	1.227	1.097	980	873
50	2.205	2.037	1.880	1.734	1.598	1.472
55	3.577	3.397	3.226	3.063	2.907	2.758

Steuereffekte wurden nicht berücksichtigt

Der heute 35-Jährige kann also schon bei einer mittelprächtigen Verzinsung von sechs Prozent, die mittlerweile bereits von den meisten Renten- und Lebensversicherungen garantiert wird, mit einer monatlichen Sparrate von 500,– DM in 30 Jahren eine stattliche Summe von einer halben Million ansammeln.

Doch die Tabelle berücksichtigt nur Renditen bis zu acht Prozent. Mit Investitionen in verschiedene Investmentfonds, die immer mehr den Markt erobern, oder auch durch eine Anlage in Aktien konnten in den vergangenen Jahren sogar häufig sensationelle Renditen zwischen zehn und 15 Prozent erreicht werden. Der Vermögensaufbau wäre diesbezüglich dann also noch schneller möglich – die erste Million ist kein unerreichbarer Traum.

Der Erfolg einer Anlage lässt sich natürlich nur aus den Vergangenheitswerten bestimmen. Eine Prognose stützt sich immer darauf, was war und wie sich der Wert unter volkswirtschaftlichen Gesichtspunkten eventuell entwickeln könnte. Allein das Risiko einer Anlage kann ungefähr eingeschätzt werden. Die Investition in Optionsscheine beispielsweise birgt die Gefahr eines Totalverlusts, die Anlage in Wertpapiere dagegen kann als relativ sicher eingeschätzt werden.

Das Ziel von einer Million Mark ist nicht unrealistisch, sondern zu schaffen.

So wird das Risiko einer Geldanlage denn auch manchmal mit dem Glücksspiel verglichen. Der Gewinn bei einem Roulettespiel zum Beispiel ist nicht vorhersehbar. Wer auf Zahl setzt, erhält bei Erfolg einen sehr viel höheren Gewinn als jemand, der auf Farbe setzt – die Gefahr, alles zu verlieren, ist aber auch gegeben.

Eine Garantie gibt es nicht, und ebenso gibt es viele Anlageformen, wo der finanzielle Erfolg nicht in Zahlen prognostiziert werden kann.

In der Übersicht auf Seite 12 erhalten Sie einen kurzen Überblick über mögliche Anlageformen zum Vermögensaufbau hinsichtlich Rendite und Sicherheit. Auf die wichtigsten Möglichkeiten werden wir in den nächsten Kapiteln des Buches dann näher eingehen.

Renditemög-
lichkeiten und
Risiken der
verschiedenen
Anlagen im
Vergleich.

Anlageformen im Überblick

Aktien sehr spekulativ, deshalb hohes Verlustrisiko, der Vermögenswert ist zum Zeitpunkt des Geldbedarfs nicht absehbar	**Aktien-Investmentfonds** sehr gute Rendite, langfristige Anlageform, auch ohne Börsenkenntnisse möglich	**Anlage-Sparbücher** zum Vermögensaufbau nicht geeignet, da schlechte Verzinsung, steuerpflichtige Erträge
Bausparen zum Vermögensaufbau vor allem für Geringverdiener sehr gut geeignet, kein Risiko	**Festgeld (Termingeld)** nicht zum Vermögensaufbau geeignet, kurzfristige Anlage, kein Risiko	**Festverzinsliche Wertpapiere (Anleihen)** sicherer Vermögensaufbau, kein Risiko
Genussscheine zum Vermögensaufbau nicht geeignet, hohes Risiko	**Gold, Edelmetalle** kein Vermögensaufbau möglich, Wertentwicklung nicht abschätzbar, Verkäuflichkeit fraglich	**Immobilien** sicherer Vermögensaufbau, garantierter Ertrag zum Einkommen
Offene Immobilienfonds gute Anlage, aber immer nur langfristig (ab zehn Jahre), kaum Verlustrisiko	**Geschlossene Immobilienfonds** nicht geeignet, hohe Risiken durch Verluste und evtl. Nachzahlungspflicht	**Kapitallebensversicherungen** geringe Rendite, nur bei richtiger Auswahl des Vertrages geeignet, Risiken durch lange Laufzeiten mit ständiger Zahlungspflicht und Verluste bei vorzeitigem Ausstieg
Optionsscheine zum Vermögensaufbau nicht geeignet, hoch spekulativ	**Renten-(Wertpapier-)Investmentfonds** geringes Risiko, Rendite stark abhängig vom Fondsanbieter	**Rentenversicherungen** sichere Anlageform mit vielen Unbekannten, nicht sehr renditestark
Sparbuch sicher, aber wegen geringer Verzinsung absolut ungeeignet zum Vermögensaufbau	**Währungsanleihen** für Vermögensaufbau nicht empfehlenswert wegen Verlustrisiken, Ausnahme: als zusätzliche Spekulationsanlage, wenn Grundversorgung ausreichend hoch ist	**Zero-Bonds (Nullkuponanleihen)** nicht geeignet, hohes Verlustrisiko, Ausnahme: als zusätzliche Spekulationsanlage, wenn Grundversorgung ausreichend hoch ist

Wir wollen uns in diesem Buch im Wesentlichen mit den Anlageformen beschäftigen, die für den gezielten Vermögensaufbau nachhaltig am wichtigsten sind, wie der Kapitalmarkt belegt.

Wie viel Vermögen Sie letztendlich mit den unterschiedlichen
Anlagearten schaffen, hängt von den Faktoren Einsatz, Laufzeit, Verzinsung, marktwirtschaftliche Daten und natürlich
auch von einer kleinen und je nach Risiko auch manchmal
von einer etwas größeren Portion Glück ab.

Die einzelnen Verzinsungen der noch näher zu erläuternden
verschiedenartigen Anlageformen wollen wir Ihnen an dieser Stelle jedoch schon einmal vorab im Rückblick der vergangenen 25 Jahre am Kapitalmarkt mit der nachfolgenden
Tabelle aufzeigen.

Mit Abstand war die Aktie in den letzten zwei Jahrzehnten die gewinnbringendste Anlageform.

Die Rendite der wichtigsten Anlageformen

Anlageform	1995	1990	1985	1980	1975	1970
Deutsch Aktien (DAX)	35,6	18,4	17,9	16,0	13,6	9,6
US-Aktien (S+P 500)	26,2	15,3	15,6	14,0	13,0	9,7
Fonds internat. Aktien	25,1	13,1	13,1	13,6	12,3	8,7
Fonds deutsche Aktien	23,4	12,8	13,8	13,5	12,2	10,3
Aktien weltweit (MSCI)	19,6	9,2	12,4	12,1	11,6	8,4
Bundesschatzbriefe	7,0	6,7	6,9	6,5	7,9	7,2
Rentenfonds	6,8	6,9	6,4	7,3	7,5	7,3
Offene Immobilienfonds	4,9	6,5	6,2	6,5	6,2	6,4
Immobilien	4,5	7,9	7,2	6,3	8,2	8,7
Kapitallebensvers.	–	–	6,1	6,3	6,3	6,3

Jahreswerte vor Steuern, Wertsteigerung plus Erträge.
Bei Wertpapieren und Fonds ohne Gebühren, Immobilien ohne Verwaltungskosten, Kapitallebensversicherung aus Steuergründen erst ab zwölf Jahren sinnvoll.

DAS NÖTIGE KAPITAL FÜR DEN VERMÖGENSAUFBAU

Man muss nicht Großverdiener sein, im Lotto gewinnen oder reich erben, um einen soliden Kapitalstock für den Vermögensaufbau zu bilden. Es gibt auch durchaus im Alltag viele Möglichkeiten, immer wieder Geld zu sparen und darüber Anlagekapital zu erhalten.

Ungeahnte Einsparmöglichkeiten tun sich bei jedem auf, der seine Ausgaben mal ganz genau unter die Lupe nimmt.

Die Idee: nicht auf die Menge setzen, die am Monatsende übrig bleibt, sondern sich bereits am Anfang des Monats ein Sparziel setzen. Wo können Kosten gedrückt werden? Einige beliebte Beispiele: Banken, Versicherungen, Wohnen und Lebenshaltung. Ist das Geld wirklich profitabel angelegt? Und geht vielleicht steuerlich oder beruflich noch mehr? In diesem Kapitel wollen wir die finanziellen Einsparungsmöglichkeiten aufzeigen. Denn dadurch bieten sich auch für den Normalverdiener viele Chancen, dem Vermögensaufbau einen großen Schritt näher zu kommen.

KOSTEN DRÜCKEN BEI ...

... Bankgeschäften

Im Durchschnitt gibt ein Vierpersonenhaushalt jedes Jahr rund 170,– DM für Bankdienstleistungen aus, so die Berechnung der Zeitung *Finanztest*. Dabei wissen viele Bankkunden gar nicht, was sie wirklich für ihr Konto bezahlen und ob ihr Giro teuer oder günstig ist. Und die Unterschiede zwischen den Kreditinstituten können hoch sein – ebenso bei den Konditionen der Geldanlage.

Ein hoher Kostenfaktor ist häufig das schlecht verzinste Geld auf dem einen Konto, während gleichzeitig Kredite zu hohen Zinsen abgezahlt werden. Deshalb gilt: sich unbedingt einen Überblick über die finanzielle Situation verschaffen. Was wird monatlich wofür an die Bank gezahlt? Und was bringen die Spar- oder Festgeldkonten, was kosten Giroverkehr, Ratenkredite, Leasing oder Kreditkarten? Planen Sie die Ein- und Ausgänge der Zahlungen! Wann wird das Gehalt überwiesen, wann werden die monatlichen fixen Kosten abgebucht? Vermeiden Sie die Überziehungszinsen, indem Sie System in Ihren Zahlungsverkehr bringen.

Überziehungszinsen sind teuer und müssen oft nicht sein.

Weitere Spartipps
- Wickeln Sie Ihre Bankgeschäfte online ab.
- Suchen Sie sich ein kostenloses Girokonto (z. B. Postbank, mit Mindesteingang zum Beispiel die BfG-Bank, Citibank).
- Es gibt Banken, die Kreditkarten gratis oder sehr günstig anbieten (zum Beispiel die BfG-Bank, Citibank).
- Kassieren Sie, indem Sie ein Kreditinstitut wählen, wo ein Plus auf dem Girokonto mit Zinsen belohnt wird.

Wer nicht nur bei einer Bank Stammkunde ist, sondern sich bei jedem einzelnen Geldgeschäft das günstigste Angebot heraussucht, fährt am besten. Motto: Drei Konten sind billiger als eines. Die folgende Übersicht zeigt, wie groß die Preisdifferenz pro Jahr bei typischen Geldgeschäften ausfällt.

Sparzettel für Geldgeschäfte
Was Sie in einem Jahr herausholen können bei

Gebühren fürs Girokonto (190 Buchungen, 2 Daueraufträge mit 1 Änderung, 2 x ec-, 1 x Kreditkarte, Schecks, 24 x Auszugsdrucker)	230,– DM
Überziehungskredit (durchschnittl. 5.000,– DM im Soll)	125,– DM
einem Ratenkredit über 10.000,– DM (mit 60 Monaten Laufzeit)	315,– DM
einer Geldanlage von 10.000,– DM (als Festgeld, 2 x 6 Monate)	130,– DM
einer Aktienanlage von 10.000,– DM (2 x Kauf und Verkauf nach 6 Mon.)	300,– DM
einem Baudarlehen über 200.000,– DM (erstrangige Hypothek, zehn Jahre fest)	686,– DM
Gesamtersparnis	**1.786,– DM**

Achten Sie immer auf die Preisdifferenz.

... Versicherungen

Rund um das Thema Versicherungen lässt sich eine Menge Geld sparen. So gibt es viele Policen, die nach Meinung von Versicherungsexperten überflüssig sind, d. h. Risiken, die man nicht zu versichern braucht. Dazu gehören unter anderem in vielen Fällen Unfall- und Reisepolice, Zusatzpakete zur Hausratversicherung und die Frage des Kaskoschutzes beim Kraftfahrzeug.

Beispiel: Unfallpolice mit Prämienrückzahlung
Verbraucherverbände empfehlen diese Police vor allem Hausfrauen, Kindern und Studenten: Sie haben nur sehr geringe oder gar keine Ansprüche aus der gesetzlichen Unfallversicherung und können nur selten Leistungen aus einer privaten Berufsunfähigkeitszusatzversicherung (BUZ) beanspruchen. Doch ein Unfallschaden kann teuer werden: Verdienstausfall, Behandlungen und Rehabilitation. Allerdings wird bei dieser Police häufig gleich ein ganzes Leistungspaket angeboten, zu viel Versicherung, die man nicht benötigt. Beispielsweise wird häufig der Zusatzbaustein Kapitalrückzahlungsgarantie angeboten. Experten mutmaßen, dass die Versicherungsgesellschaften auf diese Weise versuchen, Einbußen bei der Kapitallebensversicherung zu kompensieren.

Unfallversicherung – ja, dabei Kapitalrückzahlungsgarantie – nein.

Der Kapitalrückzahlungstarif enthält viele überflüssige Bestandteile (beispielsweise Todesfallschutz und kosmetische Operationen) und wird fast zwanzigmal so teuer verkauft wie eine von den Leistungen her vergleichbare Police bei einem günstigeren Anbieter. Würde der Versicherte das so eingesparte Geld verzinslich anlegen, könnte er die Rendite der Unfallpolice mit Kapitalrückzahlung schon mit einem Sparbrief übertreffen.

Beispiel: Reisepolice
Für viele Versicherungsexperten ist die Reiseversicherung ein unnötiger Ballast im Urlaubsgepäck. Die Versicherer nehmen zu hohe Prämien, lassen sich die Angst der Urlauber vor Krankheit in den Ferien oder Verlust des Gepäcks kräftig

bezahlen. 100,– bis 140,– DM kostet eine Versicherungssumme von 4.000,– DM. Und die sind schnell erreicht, denn zum Gepäck gehört nicht nur der Kofferinhalt, sondern auch das, was der Urlauber bei sich trägt.

Eine Reisegepäckversicherung ist häufig nur dann sinnvoll, wenn wertvolle Sachen mit auf die Reise genommen werden, beispielsweise Sportausrüstungen.

Außerdem definieren die Versicherer strenge Verhaltensregeln, das heißt, der Versicherungsschutz ist schnell verloren, wenn die Dinge nur eine Sekunde aus den Augen gelassen werden. Das Problem: Der Versicherte muss nachweisen, dass er nicht grob fahrlässig gehandelt hat.

Der Tipp der Experten: Jedes Reiserisiko für sich einschätzen, für viele Ereignisse und Rechtsstreitigkeiten steht die Haftpflicht ein. Extra für den Urlaub braucht keiner eine Police abzuschließen. Einzige Ausnahme: die Auslandskrankenversicherung. Sie kostet nur etwa 14,– DM pro Person, gilt weltweit und sichert die ärztliche Behandlung.

Für viele Schäden kommt bereits eine Haftpflichtversicherung auf, so dass eine Reiseversicherung oft gar nicht nötig ist.

Beispiel: *Zusatzpaket zur Hausratversicherung*
Die Meinung der Experten: Eine Hausratversicherung ist grundsätzlich sinnvoll. Die Versicherer packen jedoch häufig Extras mit hinein, die am Nutzen gemessen schlicht und einfach zu teuer sind.

Für eine 100 Quadratmeter große Wohnung in Frankfurt kostet die Hausratversicherung bei einem günstigen Anbieter rund 270,– DM im Jahr. Damit ist alles, was zur Einrichtung der Wohnung gehört, bis hin zu einer Summe von 120.000,– DM gegen Feuer, Einbruchdiebstahl, Sturm- und Hagel- sowie Leitungswasserschäden abgesichert. Dieser Versicherungsschutz ist ausreichend, um sich gegen die wahrscheinlichsten Risiken abzusichern.

Doch die Versicherungsgesellschaften wollen gern noch Zusatzversicherungen verkaufen, die Absicherung gegen Glas oder auch Überspannungsschäden, eine zusätzliche Fahrradversicherung, eine Extrapolice für Wasserschäden durch ein Aquarium oder auch eine spezielle Versicherung für den

Eine Fahrradversicherung kommt zumeist teuer.

Fall, dass das Cerankochfeld Schäden erleidet. Das gesamte Paket würde die »normale« Hausratversicherung für die Frankfurter Wohnung bei der günstigsten Gesellschaft um 420,– DM verteuern. Bei einem teuren Anbieter können das auch locker 1.400,– DM sein.

Deshalb unser Tipp: Bei allen zusätzlich absicherbaren Risiken immer das Aufwand-Nutzen-Verhältnis abwägen.

Faustregel: Wenn der maximale Schaden nicht höher ausfallen kann als die zehnfache Jahresprämie, lohnt sich keine Zusatzversicherung.

Beispiel: Kraftfahrzeugversicherung
Die Haftpflicht fürs eigene Fahrzeug – Moped, Motorrad oder Auto – ist ein Muss. Nachdenken sollte der Fahrzeugbesitzer über eine Kaskoversicherung. Hier muss das Verhältnis zwischen Prämie und Leistung stimmen. Eine Vollkasko lohnt sich nach Meinung von Experten vor allem für Fahrzeuge bis zu einem Alter von drei Jahren oder bei sehr hochwertigen Autos. Dabei ist das Verhältnis von Prämie plus Selbstbeteiligung und zu erwartender Leistung entscheidend. Ist diese nicht viel höher als die Summe von Beitrag und Selbstbeteiligung, lohnt sich weder eine Teil- noch eine Vollkasko. Sinnvoll sei auf jeden Fall eine Selbstbeteiligung: Bei der Teilkasko sollte sie etwa 300,– DM betragen, bei der Vollkasko zwischen 650,– und 1.000,– DM liegen. Das hilft in erster Linie, Prämien zu sparen.

Prämiensparen bei der Kraftfahrzeugversicherung.

Auch die gesetzlichen Krankenkassen sind nicht alle gleich teuer.

Geld sparen lässt sich aber auch bei einem Kostenvergleich der Versicherungsgesellschaften. Denn hier herrschen sehr starke Preisunterschiede. So können z. B. allein mit einem Wechsel innerhalb der gesetzlichen Krankenversicherung fast bis zu 1.000,– DM im Jahr gespart werden, auch ohne einen riskanten Systemwechsel von gesetzlich zu privat vornehmen zu müssen. Denn auch die gesetzlichen Krankenversicherungen unterscheiden sich erheblich in ihren Beitragssätzen. Die Kassenpatienten haben es darüber hinaus mit einem Wechsel relativ leicht, weil die Leistungen der gesetzlichen Krankenversicherungen weitgehend gleich sind.

Vergleichsrechnung Krankenkasse

Angenommen, der Versicherte hat ein Jahresbruttogehalt von 60.000,– DM im Jahr, 5.000,– DM brutto im Monat. Bei einer teuren Krankenkasse zahlt er einen Beitragssatz von 14,9 Prozent, das sind 745,– DM, die sich Arbeitgeber und Arbeitnehmer teilen, für jeden also 372,50 DM im Monat.

Bei einer sehr günstigen Krankenkasse zahlt unser Versicherter nur 11,9 Prozent Beitragssatz, das sind im Monat 595,– DM, die sich Arbeitgeber und Arbeitnehmer teilen, das heißt, jeder zahlt monatlich 297,50 DM.

Bei der Mitgliedschaft in der günstigen Krankenkasse ergibt sich gegenüber der teuren eine Ersparnis von 150,– DM jeden Monat für Arbeitgeber und Arbeitnehmer. Allein der Arbeitnehmer könnte im Jahr also 900,– DM (75,– DM x 12,– DM) mehr auf seinem Gehaltszettel haben, und damit ließe sich schon etwas in Sachen Vermögensbildung anstellen.

Auch bei den Krankenkassenbeiträgen lohnt sich eine kritische Überprüfung der Prämien.

So funktioniert der Wechsel

- Pflichtversicherte können einmal jährlich zu Beginn des neuen Jahres in eine neue Kasse wechseln. Die Kündigung muss bis zum 30. September eingeschickt werden.
- Freiwillige Kassenmitglieder können auch während des Jahres wechseln. Ihre Kündigungsfrist beträgt zwei Monate zum Monatsende.
- Wird der Arbeitgeber gewechselt, kann auch die Krankenkasse gewechselt werden. Die Wahl ist dann immer für zwölf Monate bindend.
- Ein Sonderkündigungsrecht besteht, wenn der Beitragssatz seitens der Krankenkasse erhöht oder die Sachleistungen verändert werden. Die Kündigungsfrist beträgt hier einen Monat zum Ende des folgenden Monats. Beispiel: Erhöhung zum 1. April, Kündigung bis Ende April, Mitgliedschaft in der neuen Kasse ab 1. Juni.

19

Mit der Kündigung von unnötigen Versicherungen und der Wahl der günstigsten Versicherungsgesellschaften ergibt sich ein immenses Sparpotenzial: Mehrere tausend Mark kann eine Familie so statt in Versicherungsbeiträge in ihren Vermögensaufbau stecken.

... Wohnen

Kaufen ist langfristig häufig günstiger als mieten. Denn das Geld, das man monatlich an den Vermieter überweist, wächst über viele Jahre zu einem Eigenheim, das einen wichtigen Grundstein für den Vermögensaufbau bietet.

Staatliche Fördermittel beim Bau oder Kauf eines Eigenheims berücksichtigen.

Wer sich für die eigenen vier Wände entschieden hat, der kann mit staatlichen Fördermitteln viel Geld sparen. Denn grundsätzlich fördert der Staat Eigenheimbesitzer. So erhält derjenige, der sein Eigenheim neu baut oder neu kauft, acht Jahre lang je fünf Prozent der Kosten, maximal 5.000,– DM pro Jahr. Ist die Immobilie älter, gibt es die Hälfte. Außerdem zahlt der Staat über acht Jahre pro unterhaltsberechtigtem Kind 1.500,– DM Zulage. Eine Familie mit zwei Kindern kann somit also innerhalb von acht Jahren 64.000.– DM erhalten. Werden dann noch Ökobauweisen berücksichtigt, können es sogar über 70.000,– DM werden.

Seit Anfang des Jahres 2000 gelten neue Einkommensgrenzen für die Eigenheimzulage, mit der der Staat den Bau oder Kauf der eigenen vier Wände fördert. Um die Zulage zu erhalten, dürfen Ehepaare innerhalb von zwei Jahren jetzt nur noch bis zu 320.000,– (vorher: 480.000,–) DM verdienen. Für Ledige ist die Grenze von 240.000,– DM auf 160.000,– DM

Einmal im Jahr öffnet der Staat sein Füllhorn.

gesunken. Maßgeblich sind dabei die Einkünfte im Jahr des Antrags und des Vorjahres. Für Familien mit Kindern fällt die Senkung jedoch deutlich milder aus. Ihre Einkommensgrenzen erhöhen sich um 60.000,– DM für jedes Kind, für das sie Kindergeld oder einen Kinderfreibetrag erhalten. Der Fiskus überprüft das Einkommen nur einmal. Wer anfangs nicht zu viel verdient, kann also fest auf den staatlichen Zuschuss bauen: Jeweils am 15. März überweist das Finanzamt die jährliche Zulage.

... Lebenshaltung

Ein wichtiger Tipp, die Lebenshaltungskosten im Alltag im Auge zu behalten und Geld zu sparen, ist, die Einnahmen und Ausgaben systematisch aufzuschreiben. So ist das gute alte Haushaltsbuch immer noch der einfachste Weg, die Finanzen zu kontrollieren. Dabei sollten nicht nur die Ausgaben minuziös aufgeführt werden. Zu einer Übersicht gehört auch eine kleine Monatsbilanz mit den Positionen »Einnahmen«, »feste Ausgaben« und »Defizit bzw. Überschuss aus dem Vormonat«. Der daraus gewonnene Überblick lässt erkennen, ob der finanzielle Trend in Ordnung ist, wo sich Kosten einsparen lassen, so dass mehr Geld gespart werden kann. Denn eine straffe Haushaltsplanung erweitert den Spielraum für die private Vorsorge. Und wenn das Gehalt steigt, sollte nicht nur der Konsum, sondern auch die Sparrate erhöht werden.

Die monatlichen Ausgaben im Auge behalten.

SPAREN MIT DEM FISKUS

Das Finanzamt belohnt den Zusammenhalt innerhalb der Familie, denn hier herrscht häufig das gleiche Problem: Die ältere Generation hat Vermögen unrentabel angelegt, während die jüngere Generation teure Kredite aufnimmt und hohe Steuersätze auf der einen Seite wie nicht ausgeschöpfte Freibeträge auf der anderen in Kauf nehmen muß. Ein kluges Steuersparmodell könnte zum Beispiel sein: Die ältere Generation kauft eine Immobilie und kann als Investor Abschreibungen, Kreditzinsen und sonstige Kosten absetzen. Dann vermietet sie die Immobilie an die jüngere Generation zu einem Preis bis zu 50 Prozent unter der ortsüblichen Vergleichsmiete. Damit steigt dann das Minus, das sie mit anderen Einkünften verrechnen darf.

Immobilie kaufen und an die eigenen Kinder vermieten.

Wer Kinder hat, die studieren, sollte dieses Modell auch einmal für sich durchrechnen. Laut Bundesfinanzhof ist es sogar zulässig, wenn Eltern an die Kinder Unterhalt leisten und trotzdem als Vermieter einen Teil davon als Miete wieder zurückerhalten.

Wer Teile seines Vermögens nicht erst nach dem Tode vererbt, sondern bereits zu Lebzeiten den künftigen Erben überlässt, hat zwei wichtige Steuervorteile: Erbschaftssteuer kann gespart und die Einkommensteuerlast innerhalb der Familie gemindert werden. Das Ganze nennt sich vorweggenommene Erbfolge.

So ist die Vermögensübertragung eine weitere große Möglichkeit, Geld zu sparen. Damit können sich die Eltern eine Zusatzrente sichern und ihren Lebensstandard im Alter erhöhen. Die Kinder erhalten im Gegenzug Vermögen, aus dem sie sofort oder später Erträge erzielen können. Voraussetzung hierfür: Die Eltern müssen noch zehn Jahre nach der Schenkung leben.

Die Erbschaftssteuer durch frühzeitige Schenkungen minimieren.

Wenn Pensionäre zu Lebzeiten ihr Vermögen an die nächste Generation übertragen, spart das Erbschaftssteuer. Auch die vorzeitige Schenkung von Wohneigentum ist lohnenswert. Die jüngere Generation verpflichtet sich per Schenkungsvertrag, regelmäßig einen finanziellen Ausgleich an die Älteren zu zahlen, diese Sonderausgabe können die Jungen dann bei der Einkommensteuer geltend machen.

Einkommensteuer kann dadurch gespart werden, weil das Einkommen der Kinder in der Regel höher besteuert wird als das der Eltern. Und das geht so: Die monatliche Sonderzahlung vom Nachwuchs müssen die Eltern zu ihrem – meist doch geringen – Steuersatz versteuern. Das häufig viel höher besteuerte Kind kann die geleisteten Zahlungen als Sonderausgaben von seiner Steuer abziehen. Ergebnis: Die Familie spart Geld.

Für eine Schenkung gibt es mehrere Modelle, die sich unterschiedlich auf die Einkommensteuer auswirken:

Leibrente

Das Kind erhält das Vermögen und zahlt seinen Eltern dafür eine monatliche Versorgungsleistung. Hier kann das Kind nur den Ertragsanteil der Rente, der vom Alter der Eltern abhängig ist, als Sonderausgabe von der Steuer abziehen. Aber: Die Eltern müssen auch nur diesen Teil versteuern.

Dauernde Last

Diese Art Schenkung lohnt sich für den Fall, wenn das Kind eine sehr hohe Steuerlast zu tragen hat. Denn bei diesem Modell kann Junior die volle Rentenzahlung steuerlich geltend machen. Die Eltern müssen hier zwar auch die ganze Summe versteuern, doch da sie ein viel geringeres Steueraufkommen haben, spart die Familie letztendlich eine Menge Geld. Weiterer Unterschied zur Leibrente: Während Leibrenten in etwa gleicher Höhe anfallen oder lediglich Wertsicherungs-klauseln enthalten, hängt die Höhe der dauernden Last von sich ändernden Einkommensverhältnissen ab. Die Rentenzahlungen sind also variabel.

Variable Rentenzahlungen sind günstiger als eine Leibrente.

Wohnrecht

Die Eltern verschenken ihr Vermögen gegen ein Wohnrecht. Zunächst ändert sich steuerlich nichts. Später jedoch kann das Wohnrecht gegen eine lebenslange Rente abgelöst werden. Dann ergibt sich der gleiche Steuervorteil wie bei der dauernden Last.

Vermögensübertragung gegen ein einmaliges Entgelt

Wenn sich die Eltern im Ruhestand einen Traum verwirklichen möchten, können sie ihr Haus an den Nachwuchs gegen eine einmalige Zahlung verkaufen. Der Vermögensübergeber erzielt einen Veräußerungserlös, der Vermögensnehmer hat Anschaffungskosten. Für den Käufer hat das einen Steuervorteil: Zieht er selber in das Haus ein, kann er Eigenheimzulage kassieren. Anschaffungskosten in Höhe von 100.000,– DM reichen für eine ungekürzte Förderung bereits aus. Als Anschaffungskosten gilt auch die Übernahme von Schulden, eine Abstandszahlung an den Übergeber oder eine Ausgleichszahlung an nahe Angehörige.

Den Eltern das Haus abkaufen, schafft steuerliche Vorteile.

Die Verteilung von Kapitalerträgen

Seit Anfang des Jahres 2000 sind die Sparerfreibeträge auf 3.000,– DM pro Person halbiert. Das heißt, dass ein Ehepaar bei 6,5 Prozent Zinsen nur noch rund 95.000,– DM steuerfrei anlegen kann. Von jeder zusätzlichen Mark kassiert der Fiskus zunächst pauschal 30 Prozent, bei höheren persönlichen Steuersätzen entsprechend mehr.

Gespart werden kann, wenn Eltern oder Großeltern einen Teil ihres Vermögens und somit auch der Zinserträge auf die jüngeren Familienmitglieder übertragen. Höhere Einnahmen bleiben dann steuerfrei, denn jedem Bürger steht ein Grundfreibetrag von 13.499,– DM zu. Das bedeutet, auch jedes Kind kann im Jahr 16.707,– DM Zinsen steuerfrei kassieren, inklusive Sparerfreibetrag, Werbungskosten- und Sonderausgabenpauschale.

Vermögen auf jüngere Familienmitglieder übertragen und so die Zinsertragssteuer vermeiden.

Allerdings: Ab einem Lebensalter von 18 Jahren gewährt der Staat nur dann Kindergeld und Kinderfreibeträge, wenn die Einkünfte und Bezüge des Sprösslings unter 13.500,– DM liegen. Die Steuerersparnis beträgt hier einkommensabhängig mehrere tausend Mark.

Mit den genannten Vereinbarungen innerhalb einer Familie, dem Vermieten einer Immobilie an Angehörige, den Zahlungen nach einer Vermögensübertragung und dem geschickten Verteilen von Kapitalerträgen lassen sich – je nach Einkommen – mehrere tausend bis hin zu einigen zehntausend Mark im Jahr sparen.

MEHR GELD IM JOB

Stimmt der Returnoninvestment? Wie steht es um Ihre Marktchancen? Wichtige Fragen für das Gehaltspoker mit dem Chef.

Informieren Sie sich über Stellenanzeigen in Zeitungen und im Internet, welche Qualifikationen gefragt sind. So erleben Sie bei den Verhandlungen über mehr Geld oder zusätzliche Leistungen keine Überraschungen und können Ihre Selbstdarstellung optimieren.

Nebenleistungen zum Gehalt abwägen.

Dabei sollten Sie sich nicht ausschließlich auf mehr Bares konzentrieren. Nebenleistungen können häufig noch attraktiver sein, z. B. brutto für netto. So kann der Arbeitgeber den Kindergarten oder die Tagesmutter bezahlen, bis zu 5.000,– DM einen Kredit zinslos gewähren und bei Unfall oder Krankheit bis 1.000,– DM zuschießen.

Darüber hinaus kann es sich lohnen, die Gehaltserhöhung oder den Bonus gegen einen Dienstwagen zu tauschen. Ein Beispiel aus der Zeitschrift *Capital:* Der Mitarbeiter verzichtet für einen BMW 320i auf so viel Entgelt, wie der Wagen laut ADAC privat pro Jahr kostet: 12.000,– DM. Das Unternehmen least das Fahrzeug mit Full-Service.

Das Finanzamt taxiert den geldwerten Vorteil für den Arbeitnehmer auf jährlich zwölf Prozent des Neuwagenlistenpreises plus 0,36 Prozent je Entfernungskilometer zwischen Büro und Wohnung. Das macht bei 55.000,– DM Neupreis und zehn Kilometern Distanz 6.798,– DM. Die Rechnung für einen Verheirateten mit ursprünglich 110.000,– DM Einnahmen: 12.000,– DM Bonus entfallen, aber 6.798,– DM geldwerter Vorteil kommen hinzu. Die Steuerlast des Ehepaars sinkt um gut 2.000,– DM.

Eine andere Möglichkeit wäre: statt Gehaltserhöhung eine betriebliche Altersversorgung. Das kann in Form einer Direktversicherung erfolgen. Der Mitarbeiter spart dadurch erheblich Steuern, verzichtet auf Bonuszahlungen wie beispielsweise Teile des Weihnachts- oder Urlaubsgeldes. Die Firma investiert das Geld in eine Lebensversicherung.

Die Anschaffung eines Geschäftswagens kann sich finanziell durchaus lohnen.

Auch eine betriebliche Altersversorgung ist attraktiv.

25

DIE PERSÖNLICHE VERMÖGENSPLANUNG – ERWARTUNGEN UND MÖGLICHKEITEN

Natürlich ist der Vermögensaufbau und die -planung auch immer abhängig vom jeweiligen Alter des Anlegers. Jeder sollte sich deshalb zunächst einmal einen finanziellen Überblick darüber verschaffen, was die gesetzliche Versorgung bringen wird und was an eigenen privaten Leistungen dazukommt.

Zusätzlich zur gesetzlichen Rentenversicherung privat vorsorgen. Natürlich können wir auch künftig noch darauf hoffen, im Alter dann Geld aus der staatlichen Rentenversicherung zu bekommen. Aber wir werden uns dabei wohl von den alten Zahlenwerten verabschieden müssen. Im Klartext: Private Vorsorge wird zur Pflicht, Vermögen muss selbst aufgebaut werden.

DER GESETZLICHE RENTENANSPRUCH

Zur Schätzung der Rente, die Sie nach dem Ausscheiden aus dem Berufsleben zu erwarten haben, sind zwei Hauptschritte notwendig:
1. Ermittlung der bisher erworbenen Rentenansprüche,
2. Ermittlung der künftigen Rentenansprüche.

Wir begnügen uns zur Berechnung der Rentenanwartschaften mit einer groben Methode und kalkulieren über den ganz breiten Daumen.

Ermittlung der bisher erworbenen Rentenansprüche

Die Rechnung ist am einfachsten für alle, die in den vergangenen Jahren keine großen Gehaltssprünge gemacht haben.

Sie funktioniert besonders dann, wenn sich Ihr Einkommen immer ungefähr parallel zum Durchschnitt aller Einkommen entwickelt hat.

Faustregel für Durchschnittsverdiener
Das Durchschnittsjahresgehalt für 1999 betrug 53.082,– DM. Wenn Sie immer ungefähr das Durchschnittsgehalt verdient haben, haben Sie mit jedem Jahr Ihrer bisherigen Beitragszahlungen einen Rentenanspruch von knapp über 48,– DM erworben. Sie müssen also nur die bisherigen Beitragsjahre mit 48 malnehmen, um Ihren derzeitigen monatlichen Rentenanspruch zu erkennen (für Ost-Verdiener nur beschränkt anwendbar).

Als Durchschnittsverdiener erhalten Sie pro Beitragsjahr 48,– DM als Rente.

Wenn Sie es noch etwas genauer abschätzen möchten, können Sie aus der Erinnerung noch einmal Ihr persönliches Jahresgehalt (brutto) mit den Durchschnittswerten vergleichen.

Vergleichen Sie Ihr Gehalt mit dem Durchschnitt

Jahr	Jahresgehalt	Jahr	Jahresgehalt	Jahr	Jahresgehalt
1952	3.852 DM	1968	10.842 DM	1984	34.292 DM
1953	4.061 DM	1969	11.839 DM	1985	35.286 DM
1954	4.234 DM	1970	13.343 DM	1986	36.627 DM
1955	4.548 DM	1971	14.931 DM	1987	37.726 DM
1956	4.844 DM	1972	16.335 DM	1988	38.896 DM
1957	5.043 DM	1973	18.295 DM	1989	40.063 DM
1958	5.330 DM	1974	20.381 DM	1990	41.946 DM
1959	5.602 DM	1975	21.808 DM	1991	44.421 DM
1960	6.101 DM	1976	23.335 DM	1992	46.820 DM
1961	6.723 DM	1977	24.945 DM	1993	48.178 DM
1962	7.328 DM	1978	26.242 DM	1994	49.142 DM
1963	7.775 DM	1979	27.685 DM	1995	50.972 DM
1964	8.467 DM	1980	29.485 DM	1996	51.108 DM
1965	9.229 DM	1981	30.900 DM	1997	53.806 DM
1966	9.893 DM	1982	32.198 DM	1998	53.745 DM
1967	10.219 DM	1983	33.293 DM	1999	53.082 DM *

* vorläufige Daten

Bei den neuen Bundesländern gibt es ein Korrekturfaktor.

Wurden die Rentenansprüche in den neuen Bundesländern erworben, müssen die dort erzielten Bruttogehälter – ehe sie mit den angegebenen Durchschnittsverdiensten verglichen werden – zunächst mit einem Korrekturfaktor multipliziert werden, der für jedes Jahr anders lautet.

1951	1,0502	**1961**	1,2374	**1971**	2,0490	**1981**	3,1634	**1990/ 2. Hj.**	2,3473
1952	1,0617	**1962**	1,3156	**1972**	2,1705	**1982**	3,2147	**1991**	1,7235
1953	1,0458	**1963**	1,3667	**1973**	2,3637	**1983**	3,2627	**1992**	1,4393
1954	1,0185	**1964**	1,4568	**1974**	2,5451	**1984**	3,2885	**1993**	1,3197
1955	1,0656	**1965**	1,5462	**1975**	2,6272	**1985**	3,3129	**1994**	1,2687
1956	1,1029	**1966**	1,6018	**1976**	2,7344	**1986**	3,2968	**1995**	1,2317
1957	1,1081	**1967**	1,5927	**1977**	2,8343	**1987**	3,2548	**1996**	1,2209
1958	1,0992	**1968**	1,6405	**1978**	2,8923	**1988**	3,2381	**1997**	1,2089
1959	1,0838	**1969**	1,7321	**1979**	2,9734	**1989**	3,233	**1998**	1,2001
1960	1,1451	**1970**	1,8875	**1980**	3,1208	**1990/ 1. Hj.**	3,0707	**1999**	1,1857

Pendelt der Verdienst um den Durchschnittswert, gilt die Faustregel.

- Stellen Sie bei dieser Gelegenheit fest, dass Sie immer ungefähr so viel verdient haben wie den fürs jeweilige Jahr angegebenen Betrag (inkl. aller sozialabgabepflichtigen Zulagen, das sind auch Sonderzahlungen wie Weihnachts- und Urlaubsgeld), bleibt es für Sie bei der eingangs erwähnten Faustregel.
- Stellen Sie fest, dass Ihr Gehalt immer um die Durchschnittswerte herumpendelte, mal darüber und mal darunter lag, verwenden Sie ebenfalls die Faustregel.

Wenn Ihr Gehalt nicht dem Durchschnitt entspricht

Haben Sie festgestellt, dass Sie immer mit etwa gleichbleibendem Abstand über oder unter dem Durchschnitt gelegen haben, holen Sie sich schnell einen Taschenrechner, und ermitteln Sie das Verhältnis Ihres Gehalts zum Durchschnitt. Liegen Sie darunter, erhalten Sie als Ergebnis immer eine Zahl mit einer Null vor dem Komma. Das bedeutet, dass auch Ihre Rente unter dem Rentendurchschnitt liegt. Bei überdurchschnittlichen Gehältern steht mindestens eine Eins vor dem Komma.

Allerdings berücksichtigen wir keine Werte von mehr als 1,8. Die wären bei extrem überdurchschnittlichen Gehältern zwar möglich. Hier aber greift die automatische Bremse durch die Beitragsbemessungsgrenze. Das folgende Rechenmuster hilft Ihnen.

> Ein höherer Korrekturfaktor als 1,8 ist durch die Beitragsbemessungsgrenze hinfällig.

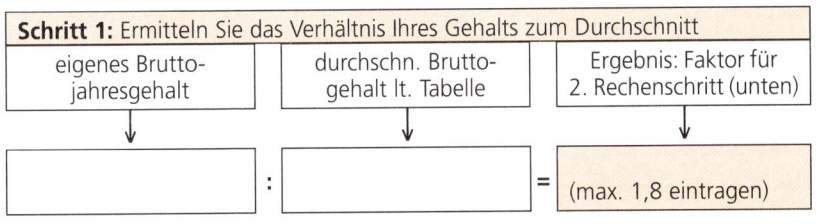

Schritt 1: Ermitteln Sie das Verhältnis Ihres Gehalts zum Durchschnitt

eigenes Brutto-jahresgehalt	durchschn. Brutto-gehalt lt. Tabelle	Ergebnis: Faktor für 2. Rechenschritt (unten)
:	=	(max. 1,8 eintragen)

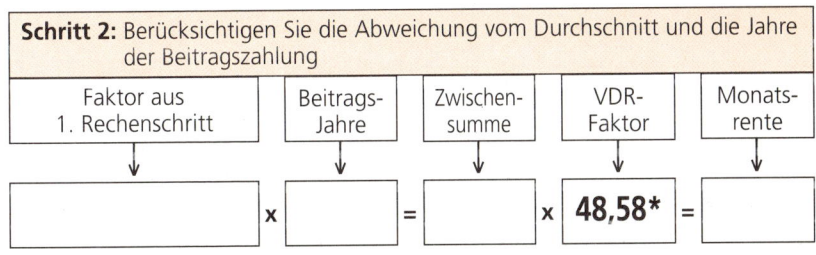

Schritt 2: Berücksichtigen Sie die Abweichung vom Durchschnitt und die Jahre der Beitragszahlung

Faktor aus 1. Rechenschritt	Beitrags-Jahre	Zwischen-summe	VDR-Faktor	Monats-rente
x	=	x 48,58*	=	

* Bei Anwartschaften, die in den neuen Bundesländern erworben wurden, bitte als VDR-Faktor den Wert 42,26 verwenden.

Bitte bedenken Sie, dass es sich bei dem hier erhaltenen Ergebnis nur um eine sehr grobe Schätzung handelt. Sie kann nur eine Orientierungshilfe sein, schon deshalb, weil hier keine besonderen Einzahlungszeiten wie Kindererziehung, Wehrpflicht, Zivildienst, Ausbildungszeiten usw. berücksichtigt werden.

Das Gleiche gilt für Renten, die nicht Altersrenten sind (Witwen- und Waisenrente, Berufsunfähigkeitsrente etc.).

Ermittlung der künftigen Rentenansprüche (Prognose)

Obwohl zur Zeit auf praktisch keine Prognose Verlass ist, Schätzungen der Versicherungsträger oder der verantwortlichen Politiker oft schon nach wenigen Wochen korrigiert werden müssen, sind doch einige Aussagen für die Zukunft hinsichtlich der Rente zu machen.

Grundsätzliche Änderungen am Bewertungssystem für die Rentenansprüche sind zur Zeit nicht zu erwarten.

Ihre Renten-ansprüche für die Zukunft abschätzen. Auch künftig entscheidet das persönliche Bruttojahreseinkommen über die Entstehung neuer Ansprüche. Daraus lässt sich eine sehr vage Hochrechnung ableiten, die wir in die Zukunftsprognose eingearbeitet haben.

Entscheidend für die Trefferquote sind aber

- das Verhältnis Ihres derzeitigen beitragspflichtigen Bruttogehalts zum Durchschnittsverdienst aller Versicherten und
- Ihre persönlichen Einkommenserwartungen in der Zukunft, also ob Ihr Gehalt über oder unter dem Durchschnitt liegen wird.

Der Durchschnitt beträgt zur Zeit ca. 53.000,– DM pro Jahr. Und nun müssen Sie selbst die erste Prognose wagen: Wenn Sie Ihre Gehaltserwartungen abschätzen, werden Sie dann in der Zukunft über oder unter dem Durchschnitt liegen?

🖊 Checkliste: Gehaltsniveau

Mein künftiges Jahresbruttogehalt wird im Verhältnis zum Verdienst aller Versicherten …

Ihre Prognose	Ihr Rechenwert
… etwa *auf demselben Niveau* liegen	1,0
… etwa *10 Prozent darunter* liegen	0,9
… etwa *20 Prozent darunter* liegen	0,8
… etwa *30 Prozent darunter* liegen	0,7
… etwa *40 Prozent darunter* liegen	0,6
… etwa *50 Prozent darunter* liegen	0,5

Ihre Prognose	Ihr Rechenwert
… etwa *10 Prozent darüber* liegen	1,1
… etwa *20 Prozent darüber* liegen	1,2
… etwa *30 Prozent darüber* liegen	1,3
… etwa *40 Prozent darüber* liegen	1,4
… etwa *50 Prozent darüber* liegen	1,5
… etwa *60 Prozent darüber* liegen	1,6
… etwa *70 Prozent darüber* liegen	1,7
… etwa *80 Prozent und mehr darüber* liegen	1,8 *

Wenn Ihre Zukunft in finanzieller Hinsicht gut aussieht.

* Maximalwert, kann auch bei noch größeren Überschreitungen des Durchschnitts nicht überschritten werden, bitte hiermit rechnen.

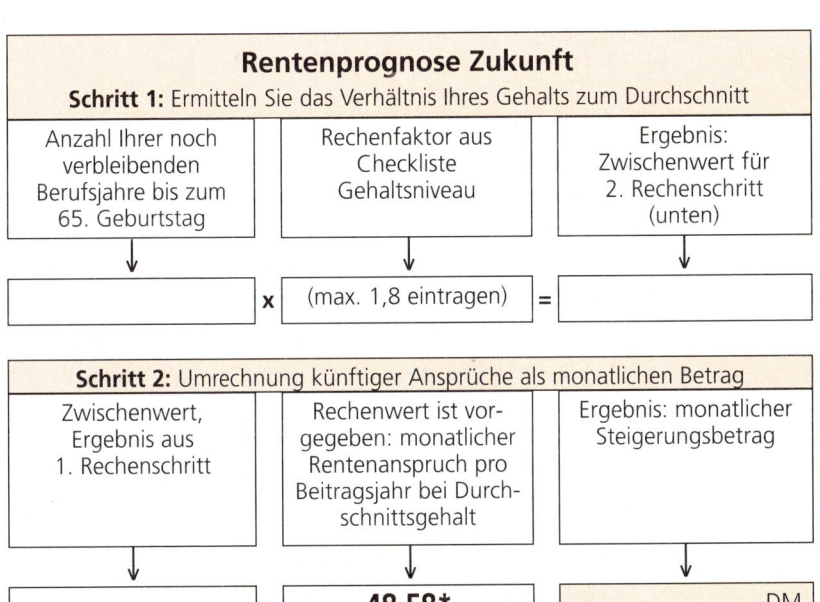

Rentenprognose Zukunft

Schritt 1: Ermitteln Sie das Verhältnis Ihres Gehalts zum Durchschnitt

Anzahl Ihrer noch verbleibenden Berufsjahre bis zum 65. Geburtstag	Rechenfaktor aus Checkliste Gehaltsniveau	Ergebnis: Zwischenwert für 2. Rechenschritt (unten)

x (max. 1,8 eintragen) =

Schritt 2: Umrechnung künftiger Ansprüche als monatlichen Betrag

Zwischenwert, Ergebnis aus 1. Rechenschritt	Rechenwert ist vorgegeben: monatlicher Rentenanspruch pro Beitragsjahr bei Durchschnittsgehalt	Ergebnis: monatlicher Steigerungsbetrag

x **48,58*** = DM

* Bei Anwartschaften, die in den neuen Bundesländern erworben werden, bitte als Rechenwert den Wert 42,26 verwenden.

Diese Prognoserechnung unterstellt, dass der Rentenwert in etwa gleich bleibt. Leider lassen sich – wie bereits oben

angedeutet – keinerlei Voraussagen über die zukünftige Entwicklung des Rentenniveaus treffen.
Wir haben daher auf eine mutmaßliche Anpassung des Rentenwertes verzichtet.

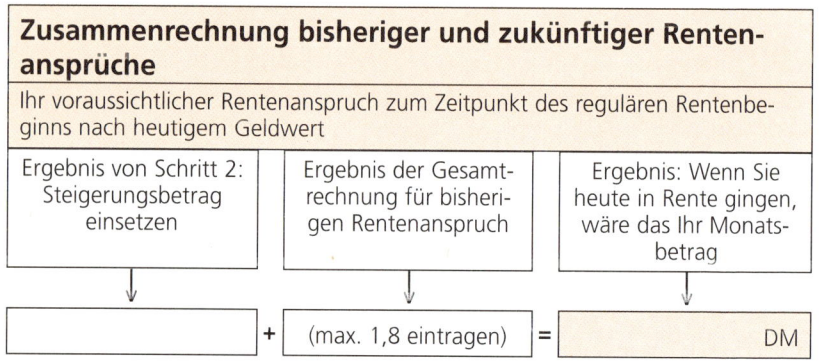

Zusammenrechnung bisheriger und zukünftiger Rentenansprüche		
Ihr voraussichtlicher Rentenanspruch zum Zeitpunkt des regulären Rentenbeginns nach heutigem Geldwert		
Ergebnis von Schritt 2: Steigerungsbetrag einsetzen	Ergebnis der Gesamtrechnung für bisherigen Rentenanspruch	Ergebnis: Wenn Sie heute in Rente gingen, wäre das Ihr Monatsbetrag
↓	↓	↓
+	(max. 1,8 eintragen) =	DM

DIE AMTLICHE RENTENAUSKUNFT

Auf Antrag erhält jeder Versicherte seine Rentenauskunft. Allerdings kann es passieren, dass Sie auf Ihr Schreiben an den Rentenversicherungsträger zunächst einmal einen Fragebogen zugeschickt bekommen, den so genannten »Antrag auf Kontenklärung«.
Dies ist immer dann der Fall, wenn Sie nicht seit dem 16. Lebensjahr durchgehend selbst Beiträge in die Rentenversicherung gezahlt haben. In diesen Fällen muss geprüft werden, ob Sie während der Lücken für die Rentenberechnung dafür wichtige Zeiten gehabt haben.

Versuchen Sie, Ihre Beitragszeiten lückenlos nachzuweisen.

Tipp: Sorgen Sie für eine lückenlose Dokumentation Ihres Arbeitslebens.
Nur ein vollständiger Nachweis aller Rentenzahlungen garantiert Ihnen eine richtige Rentenberechnung. Nachweislücken mindern nicht nur die Einzahlungen, sie können auch die zukünftige Rente schmälern, da sie auf die Gesamtzeit angerechnet werden.

In einigen Fällen werden hinsichtlich der Rentenauskunft seitens des Versicherungsträgers deshalb weitere Fragebögen mit ergänzenden Angaben erforderlich, z. B.

- wenn Sie zwar immer in den alten Bundesländern gelebt, zeitweise aber bei einer Firma in den neuen Bundesländern beschäftigt waren,
- wenn Sie immer in den früheren Jahren in der ehemaligen DDR oder in den neuen Bundesländern gearbeitet bzw. gelebt haben,
- wenn Sie vorübergehend im Ausland gelebt und gearbeitet haben,
- wenn Sie aus der DDR geflüchtet sind bzw. eine ungerechte DDR-Haft verbüßen mussten.

Zusätzliche Fragebögen werden an Ex-DDR-Bürger verschickt.

Tipp: Weisen Sie darauf hin, wenn Sie die Rentenauskunft schnell benötigen.
Ist es besonders eilig, z. B. weil Sie sich selbstständig machen wollen, sollten Sie das Ihrem Versicherungsträger mitteilen – und natürlich auch die Gründe für die Eilbedürftigkeit.

Alternativ zu einer schriftlichen Anfrage können Sie auch mit Ihren Unterlagen, den entsprechenden Nachweisdokumenten wie Personalausweis, Versicherungsnummer, Zeugnisse, zu einer kostenlosen Beratung vor Ort gehen.

Die Rentenberatung ist kostenlos.

Die zuständigen Informationsstellen der großen Rentenversicherungsunternehmen in den größeren Städten finden Sie im örtlichen Telefonbuch.

Die im folgenden Musterbrief *kursiv* und in Klammern gestellten Textpassagen geben Ihnen wichtige Hinweise oder Erläuterungen zu den mit … markierten Passagen, an denen von Ihnen beim Schreiben des Briefes individuelle Texte eingefügt werden müssen.

Alle mit einem * versehenen Absätze sind Auswahltexte, die Sie entsprechend der persönlichen Situation verwenden oder weglassen können.

✉ Musterbrief: Auskunftsbegehren zur Feststellung der Rentenansprüche

… *(Absender, Name, Anschrift)* … *(Datum)*

Versicherungsnummer … *(aus Sozialversicherungsnachweisheft oder Einzelnachweisen entnehmen, die jeweils zum Jahresende vom Arbeitgeber ausgestellt werden)*

An … (BfA oder Landesversicherungsanstalt, aus Versicherungsnachweisen erkennbar)

Auskunft über meine Rentenansprüche

Sehr geehrte Damen und Herren,

unter der o. a. Versicherungsnummer bin ich bei Ihnen rentenversichert. Ich erbitte nun Angaben zu meinen bisher erworbenen Rentenansprüchen, weil …
*ich plane, mich innerhalb der nächsten Monate selbstständig zu machen. Meine weitere Zukunftsabsicherung ist daher von Ihrer Auskunft abhängig.

Ich bitte Sie deshalb, meine Anfrage möglichst bald zu beantworten. Sollten Sie Rückfragen haben, stehe ich Ihnen dafür gern zur Verfügung.

Mit besten Grüßen

… *(Unterschrift)*

Mit diesem Brief beantragen Sie Ihre Rentenauskunft.

VERMÖGENSAUFBAU FÜR DIE ALTERSVERSORGUNG

Die Berechnung der gesetzlichen Rente ist im optimalen Fall nur ein Teil der späteren Altersversorgung. Vor allem die zukünftigen Rentner sollten sich um ihren privaten Vermögensaufbau rechtzeitig kümmern, da die gesetzlichen Zahlungen immer weniger werden. Ob der Vermögensaufbau mit einer Immobilie, der Auszahlung einer Lebensversicherung oder einem Wertpapierdepot geschehen soll, bleibt jedem selbst überlassen. Auf die einzelnen Anlageformen gehen wir später noch detailliert ein.

Eine Frage, die Sie sich im Vorfeld beantworten sollten, ist, ob Sie ab dem Beginn des Ruhestands Ihr Vermögen langsam verbrauchen wollen oder nur die Erträge daraus verwenden wollen. Bei einer Lebensversicherung ist die Frage noch relativ leicht zu beantworten: Da bekommen Sie nach Ablauf Ihr Geld ausgezahlt (die Ablaufleistung aus Garantiesumme und Überschussbeteiligungen), das dann angelegt werden kann. Je nach Höhe des gewünschten Betrages, der Ihnen monatlich zur Verfügung stehen soll, können Sie sich dann für den Verbrauch des Geldes und der Zinsen innerhalb einer festgelegten Zeit entscheiden (Fachbegriff: mit Kapitalverzehr), oder Sie leben nur von den Zinsen.

Entscheiden Sie sich, ob Sie nur Ihre Zinsen oder zusätzlich das Kapital benötigen.

Die folgende Tabelle zeigt, mit welchen Monatsbeträgen Sie bei welchen Vermögenssummen und welchen Zeitspannen für den Kapitalverzehr rechnen dürfen.

Monatliche Zahlungen aus dem eigenen Vermögen: So lange reicht das Finanzpolster

Wer z. B. mit 65 Jahren von der Lebensversicherung 50.000,– DM ausgezahlt bekommt und diesen Betrag anlegt (Verzinsung 6 %), kann davon zehn Jahre lang 559,– DM oder 25 Jahre lang monatlich 322,– DM ausgeben. Dann ist das Geld verbraucht. Wer monatlich nur die Zinsen ausgeben will, bekommt regelmäßige Zahlungen in Höhe von 250,– DM.

Auszahlungs- bzw. Anlage-Betrag	monatlich zur Verfügung stehender Betrag für				ohne Kapitalverzehr *
	10 Jahre	**15 Jahre**	**20 Jahre**	**25 Jahre**	
	bei Verbrauch des Geldes (Kapitalverzehr)				
50.000 DM	559 DM	423 DM	359 DM	322 DM	250 DM
100.000 DM	1117 DM	847 DM	719 DM	645 DM	500 DM
200.000 DM	2234 DM	1693 DM	1435 DM	1290 DM	1000 DM
300.000 DM	3351 DM	2540 DM	2153 DM	1936 DM	1500 DM
400.000 DM	4468 DM	3387 DM	2873 DM	2581 DM	2000 DM
500.000 DM	5585 DM	4234 DM	3590 DM	3226 DM	2500 DM

* Das angelegte Geld bleibt erhalten (für Hinterbliebene/Erben), es unterliegt aber dem inflationsbedingten Wertverlust, weil alle Zinsen ausgegeben werden.

MÖGLICHE STRATEGIEN ZUR VERMÖGENSPLANUNG

Die Grundentscheidung bei der Zusammenstellung einer individuellen Anlagestrategie ist nicht nur die Frage, was in das Depot gelegt wird, sondern auch, welcher Anlagezweck verfolgt wird.
Drei Faktoren sind dabei zu berücksichtigen:
1. Liquidität
2. Rentabilität (Rendite)
3. Spekulation.
Auf welches Kriterium das meiste Gewicht gelegt werden soll, hängt von den ganz persönlichen Präferenzen des Anlegers ab.
Wir stellen Ihnen nachfolgend die drei genannten Kriterien im Einzelnen vor.

Sicherheit

Sicherheit hinsichtlich einer Anlage bedeutet, dass das angelegte Vermögen erhalten bleibt.
Dabei hängt die Sicherheit der Anlage von verschiedenen Risiken ab:

Die Vermögensstreuung bietet mehr Sicherheit.
1. die Bonität des Unternehmens
2. das Kursrisiko
3. das Währungsrisiko bei Auslandsanlagen.
Ihr Vermögen ist sicherer angelegt, wenn Sie es aufteilen. Eine solche Vermögensstreuung kann nach verschiedenen Aspekten erfolgen, so z. B. nach Wertpapierformen, Branchen, Ländern oder Währungen.

Liquidität

Die Liquidität einer Kapitalanlage ist davon abhängig, wie schnell der investierte Betrag wieder in Bankguthaben oder Bargeld umgewandelt werden kann.
Die Anlage ist dann liquide, wenn der Anleger seine Papiere verkaufen kann, ohne dass schon ein großer Verkaufssturm herrscht, der zu spürbaren Kursschwankungen führt und

Kursverluste nach sich zieht. Seien Sie deshalb achtsam bei illiquiden Märkten. In diesen Fällen kommen an der Börse Notierungen zustande, ohne dass ge- oder verkauft wird (keine Umsätze). Die Kurse der Aktien bestehen dann nur aus Angebot (Briefkurs) oder Nachfrage (Geldkurs).

Kauf- oder Verkaufaufträge können nicht sofort abgewickelt werden, manchmal nur in Teilen oder zu ungünstigeren Bedingungen. Zusätzlich müssen Sie mit hohen Transaktionskosten rechnen.

Rentabilität

Die Rentabilität einer Vermögensanlage wird aus deren Ertrag ermittelt. Zu den Erträgen einer Aktie gehören Dividendenzahlungen sowie Wertsteigerungen in Form von Kurssteigerungen.

Je nachdem, welches Papier Sie besitzen, fließen Ihnen entweder die Erträge regelmäßig zu, oder sie werden nicht ausgeschüttet und dafür angesammelt. Die Höhe der Erträge der Papiere ist jedoch nicht immer konstant, sie kann im Zeitverlauf schwanken.

Damit die Rentabilität verschiedener Geldanlagen überhaupt miteinander verglichen werden kann, wird die Rendite als Kennzahl hinzugezogen.

Mit Rendite wird der Ertrag bezeichnet, den eine Anlage nach Ablauf eines bestimmten Zeitraumes erzielt hat. Mit Hilfe ihrer Standardisierung (die Rendite wird als Prozentwert angegeben und bezieht sich gewöhnlich auf ein Jahr) sollen die verschiedensten Anlagemöglichkeiten miteinander vergleichbar gemacht werden.

Vergleichen Sie Anlagen über die Rendite. Denn die Rendite lässt sich immer berechnen und vergleichen, unabhängig von der Höhe des eingesetzten Kapitals und des Anlagezeitraumes.

Die erzielte Rendite im Zeitraum von einem Jahr dient als Vergleichsmaßstab.

Geldanlager können unter Risikoaspekten in bis zu fünf verschiedene Typen unterschieden werden.

🖉 Checkliste: Welches Profil passt zu Ihrem Vermögensaufbau?

Typ 1: Sicherheit	Typ 2: Konservativ	Typ 3: Wachstum	Typ 4: Chancen	Typ 5: Spekulant
kein Substanzverlust, keine Spekulationspapiere, Altersvorsorge, nur festverzinsliche Wertpapiere, keine Aktien	meistens Altersvorsorge, Rücklagen für Kinderausbildung, überwiegend Festzinsanlagen mit geringem Risiko, max. 30 % Aktien	Altersvorsorge, Zinseinkünfte sollen Einkommen vermehren, Risikobereitschaft vorhanden, bis 70 % Aktien	Zinseinkünfte werden als Einkommen angesehen, Spekulation wird als Geschäft mit Verlustgefahr gesehen, große Risikobereitschaft, bis 100 % Aktien	Spielernatur, Nervenkitzel wird gesucht, nur Aktien, Optionen, volles Verlustrisiko

✓ Ordnen Sie sich zu: Welcher Typ entspricht am ehesten Ihren Vorstellungen?

☐	☐	☐	☐	☐

Wer sein Geld auf welche Weise anlegt, ist ganz individuell geprägt.

Jeder Anleger hat unterschiedliche Motive und Ziele. Wer auf Sicherheit und Altersvorsorge bedacht ist, nimmt eine niedrigere Rendite in Kauf als der Spekulant.

Doch auch für den Anleger, der bereits hinreichend vermögend ist, wenn also Verluste durchaus verschmerzt werden könnten, sind Anlagen mit hohem Risiko nicht immer geeignet. Denn wer wegen der Risiken seiner Anlage nachts keinen Schlaf mehr findet, sollte lieber die Finger davon lassen. Die Persönlichkeitsstruktur spielt immer auch eine wichtige Rolle bei der Anlageentscheidung.

DER GRAUE KAPITALMARKT – WIE MAN DUBIOSE ANGEBOTE MEIDET

Es gibt Anlageberater, die können einem scheinbar jeden Wunsch von den Augen ablesen. Eine Anlage, mit der man Steuern sparen und für das Alter vorsorgen kann, mit der man ordentlich Vermögen aufbaut, die absolut sicher ist und eine hohe Rendite aufweist – für so manchen Vermittler ist das alles kein Problem. Sie versprechen die Quadratur des Kreises, indem sie beispielsweise hundertprozentig sichere Tipps für Spekulationen an der Börse geben, was in der Natur der Sache schon unmöglich ist.

> Es gibt keine hundertprozentigen Tipps.

Die Folgen der Geschäftemacherei mit dubiosen Anlageberatern können fatal sein. So erweist sich z. B. die vermietete Eigentumswohnung schon bald als Zuschussgeschäft, wenn die Mieteinnahmen die Kredit- und Nebenkosten nicht decken. Und in manche Unternehmensbeteiligung muss der Anleger immer noch einzahlen, obwohl die Pleite längst abzusehen ist.

Vor allem Kapitalanlagen, die nicht von Banken, Versicherungen oder Fondsgesellschaften angeboten werden, sollte der Anleger ganz genau unter die Lupe nehmen. Hinter vielen Immobilienanlagen, Unternehmensbeteiligungen und Termingeschäften lauert Betrug und Nepp, dann hilft oft nur noch der Rechtsanwalt, um den Ausstieg aus so einem Geschäft zu ermöglichen.

> Kritischer Sachverstand ist gefragt.

Inzwischen hat aber ein Urteil des Bundesgerichtshofes die Rechte des Anlegers zu dessen Gunsten verändert: Die Haftungsregeln für Anlageberater wurden verschärft (Az: III ZR 62/99). Anlageberater müssen ihre Angebote jetzt genau prüfen, sie müssen die Anlage vor dem Verkauf selbst auf wirtschaftliche Plausibilität untersuchen. Verfügen sie nicht über objektive Informationen zur Wirtschaftlichkeit der

Die Anlagebe-
rater haften
mittlerweile.

Anlage, haften sie für den beim Anleger entstandenen Schaden. Der Bundesgerichtshof untersagt ihnen darüber hinaus das Einfügen von Klauseln im Beratungsvertrag, die sie von sämtlichen Haftungsansprüchen freistellen. Mit diesem Urteil wurde den Anlegern der Rücken gestärkt. Es verbessert vor allem die Chancen von Anlegern, die ihr Geld im grauen Kapitalmarkt verloren haben. Dazu gehören vor allem atypisch stille Unternehmensbeteiligungen oder Anlagemodelle im Immobilienbereich. Anleger, die auf ein solches Angebot hereingefallen sind, mussten bisher allein beweisen, dass sie falsch beraten wurden. Jetzt muss im Zweifelsfall auch der Vermittler darlegen, dass er die zuverlässigen Auskünfte gegeben hat.

TIPPS ZUR ÜBERPRÜFUNG DES ANLAGE-ANGEBOTS

Expertentipps
sinnvoll
nutzen.

Stiftung Warentest und *Finanztest* haben in den vergangenen Jahren immer wieder die Anlageberatung vieler Kreditinstitute geprüft, das Ergebnis war häufig nicht befriedigend. Aus diesen Erfahrungen haben die Experten verschiedene Richtlinien und Tipps für den Anleger abgeleitet. Mit ihnen können Vermittler und ihre Versprechen überprüft werden. Wir wollen diese nachfolgend vorstellen.

Die richtige Vorbereitung auf das Gespräch mit dem Anlageberater

- Vor dem Treffen mit dem Vermittler sollten Sie schriftlich festhalten, über wie viel Vermögen Sie verfügen, wo es angelegt ist, welche Erträge Sie erzielt haben und wie hoch Ihre Risikobereitschaft ist.
- Überlegen Sie, welche Belastungen in der nächsten Zeit auf Sie zukommen können. Zwei bis drei Nettogehälter sollten kurzfristig verfügbar sein.
- Haben Sie Kredite laufen? Wenn ja, wie viele und in welcher Höhe?

- Verlassen Sie sich nicht auf die Fähigkeit eines Beraters, sondern vereinbaren Sie mit mehreren Kreditinstituten einen Termin. Nennen Sie gleich am Telefon die von Ihnen geplante Anlagesumme und die mit der Geldanlage verfolgten Ziele.
- Geben Sie dem Berater ein konkretes Ziel vor, das Sie mit der Geldanlage erreichen wollen. Wie geeignet eine Anlage für Sie ist, hängt wesentlich davon ab, welchen Anlagehorizont Sie einplanen. Diesen sollten Sie sich bereits vor dem Gespräch überlegt haben.

SO LÄUFT EINE GUTE ANLAGEBERATUNG

Eine gute und überlegte Anlageberatung sollte die folgenden Kriterien beinhalten. Wir haben sie in einer Checkliste zusammengestellt, so dass Sie während oder kurz nach dem Gespräch die jeweiligen Punkte abhaken können. Fragen Sie nach, wenn wichtige Inhalte nicht angesprochen werden. Merken Sie allerdings, dass das Gespräch vollkommen anders verläuft und fast keines der Kriterien Gegenstand der Anlageberatung ist, dann wissen Sie, dass Sie schlecht beraten wurden.

Gehen Sie nicht unvorbereitet in ein Anlagegespräch.

✎ Checkliste: Werden Sie von Ihrer Bank fair beraten?	
Zeit: Hat man sich mindestens 45 Minuten Zeit genommen, um mit Ihnen über verschiedene Anlagemöglichkeiten zu sprechen?	☐
Beratungsqualität: Der Berater erkundigt sich nach Ihrem Einkommen und Vermögen, nach Anlagesumme, Anlagezielen und Ihrer Risikoneigung.	☐
Information: Der Berater informiert Sie über Anlagemöglichkeiten, klärt über Risiken auf, erwähnt die Kosten der Geldanlage und bei Bedarf auch steuerliche Aspekte.	☐
Konkrete Vorschläge: Der Berater macht Ihnen einen konkreten Vorschlag. Er empfiehlt passend zu Ihrer Risikoneigung und Ihren Anlagezielen, wie Sie das Geld auf die Anlageformen aufteilen könnten, nennt konkrete Produkte und ihre Kosten. Das Angebot erhalten Sie schriftlich.	☐

Chancen und Risiken der jeweiligen Anlage müssen angesprochen werden.

Unter einer anlagegerechten Beratung ist zu verstehen, dass Ihr Anlageberater Sie über Chancen und Risiken der jeweiligen Anlageform gründlich und wirklich nachhaltig aufklären muss.

Ihr Berater muss Ihnen sagen, ob die empfohlene Anlageform zu Ihren Anlagezielen passt.

Neben der Anlageberatung sollten Sie das Kreditinstitut Ihrer Wahl aber immer auch auf die anderen Leistungen hin detailliert überprüfen. Können Sie mit dem Service rundum zufrieden sein?

Wir haben für diese wichtige Frage noch eine weitere Checkliste entwickelt.

✎ Checkliste: Können Sie mit dem Service Ihres Kreditinstituts zufrieden sein?

Kontoüberziehungen: Hat man Ihnen bei einem Minus von mehr als zweieinhalb Gehältern schon mal angeboten, mit einem Ratenkredit umzuschulden? ☐

Kreditverhandlungen: Haben Sie schon mal mit Ihrem Geldinstitut über Zinssätze für Darlehen verhandelt und dabei bessere als die Standardsätze angeboten bekommen? ☐

Lebensplanung: Hat man mit Ihnen mal über Ihre beruflichen und familiären Pläne gesprochen? ☐

Steuern: Hat man Ihnen mal erklärt, wie Steuerabzüge bei Zinsen zu vermeiden sind und Sie auf steuersparende Finanzgeschäfte hingewiesen? ☐

Vermögensbildung: Hat man Ihnen mal verschiedene Möglichkeiten vorgeschlagen, mit Arbeitgeber und Staatzulagen die größte Rendite herauszuholen? ☐

BERATERFEHLER UND PRODUKTE DES GRAUEN KAPITALMARKTES ERKENNEN

Individuell passende Anlagemodelle fehlen oft.

Bei den Überprüfungen der Kreditinstitute durch *Stiftung Warentest* und *Finanztest* wurde deutlich, dass häufig bereits die Essentials einer Anlageberatung nicht abgefragt werden. Das Ziel einer Anlage, die Risikobereitschaft des

Anlegers und die gewünschte Verfügbarkeit werden in vielen Fällen gar nicht angesprochen. Außerdem auffällig: Oft werden zwar mehrere Anlagemöglichkeiten vorgestellt, konkrete Empfehlung aber gemieden. Nur selten bekommt der Kunde ein individuelles Konzept ausgearbeitet.

Ein beliebtes Produkt des grauen Kapitalmarktes: zweifelhafte Kombinationen aus Versicherungen und Sparplänen der unterschiedlichsten Art, bei denen dann oft auch noch Investmentfonds eingebunden sind. Der Trick: Es wird mit den hohen Renditen von z. B. neun Prozent für Aktienfonds oder der großen Wertbeständigkeit von Immobilienfonds geworben.

Aber der Anleger kann in den meisten Fällen nicht genau erkennen, für welchen Teil seines Geldes diese Versprechen gelten und wo welche Anteile von seinen monatlichen Zahlungen verschwinden.

Die echte Rendite, die der Anleger mit seinem jahrzehntelangen Beitragszahlungen erzielt, scheint hier unsichtbar und ist somit schlecht vergleichbar.

Hinzu kommt eine weitere Tücke, über die der Vertragsnehmer beim Abschluss der Vorsorgekombinationen meist gar nicht stolpert:

Es sind zum Teil Versicherungen (z. B. private Unfallpolicen) eingebaut, die man längst abgeschlossen hat. Außerdem zählen die in solchen Paketen enthaltenen Versicherungen nie zu den Spitzenangeboten, die man als Einzelverträge abschließen kann.

Mit besonderer Vorsicht sind solche Renten- oder Vorsorgepakete zu genießen, die über Strukturvertriebe verkauft werden. Was die smarten Verkäufer mit dem klangvollen Namen »Finanzberater« beim Hausbesuch aus dem Aktenköfferchen ziehen, ist in aller Regel immer nur zweite oder sogar dritte Wahl.

Keine Versicherung oder Geldanlage, die auf diese Weise verkauft wird, hat jemals bei unabhängigen Tests einen Spitzenplatz belegt.

Von so genannten Vorsorgepaketen ist eigentlich durchweg abzuraten, da sie ungünstig sind.

DAS SCHNELLE GELD – VERMÖGEN BILDEN AN DER BÖRSE

Bulle (Optimist) und Bär (Pessimist) sollten jeder für sich an der Börse nicht unterschätzt werden. Eine wichtige Börsenregel lautet: Einer allein regiert nie lange ohne den anderen. Eine Hausse (starker Kursanstieg) und immense Gewinnmitnahmen gehören zum Alltag für Börsianer und Anleger ebenso wie Baisse (Kursstürze und Verluste). Ein Börsencrash – also ein plötzlicher Verlust von 20 Prozent und mehr – ist auch am deutschen Aktienmarkt keine Seltenheit: In einem Zeitraum von zehn Jahren müssen Anleger zu 90 Prozent mit einem solchen Einbruch rechnen. Natürlich sind verschiedene Aktienmärkte unterschiedlich riskant. Doch das Risiko ist kalkulierbar und kann berechnet werden. Das und aber auch die Chancen und Strategien des Vermögensaufbaus an der Börse wollen wir Ihnen in diesem Kapitel erläutern.

MILLIONEN AN DER BÖRSE MACHEN

Tatsächlich zeigt sich bei einem Blick auf die vergangenen Jahrzehnte: Der einfachste und schnellste Weg, Millionär zu werden, waren Investitionen an der Börse. Keine anderen Geldanlagen bringen höhere Renditen als Aktien, Fonds oder Optionsscheine. Dabei ist die Anlage in Fonds die sicherste Methode, an der Börse reich zu werden. Voraussetzung: regelmäßig sparen und Ausdauer. Dann geht alles wie von selbst. Ein privater Anleger sollte sich allerdings nur an der Börse engagieren, wenn er sich selbst ein wenig Gespür zutraut. Zu diesem Gespür gehört vor allem, sich mit wirtschaftlichen Zusammenhängen vertraut zu machen. Und vor allem sollte nur Geld in Aktien investiert werden, auf das der Anleger nicht angewiesen ist.

Aktien, Fonds und Optionsscheine bieten bisher die größten Renditenchancen.

44

Die zehn wichtigsten Börsenregeln

(Die Börsenregeln wurden aufgestellt von der Deutschen Schutzvereinigung für Wertpapierbesitz, DSW)

1. Holen Sie sich vor dem Aktienkauf eine qualifizierte Beratung. Das können unabhängige Anlageexperten oder Banken sein. Verlassen Sie sich jedoch nicht ausschließlich auf die Ratschläge einer Beratung, sondern informieren Sie sich mindestens an zwei Stellen, und wechseln Sie dafür gegebenenfalls auch das Kreditinstitut.

2. Das Mindestkapital für den direkten Aktienkauf sollte 15.000,– bis 20.000,– DM betragen. Wer kleinere Summen investieren möchte, sollte in Aktienfonds anlegen.

3. Kaufen Sie Aktien niemals auf Kredit. Spekulieren Sie also nur mit dem Geld, das Ihnen effektiv zur Verfügung steht.

4. Legen Sie sich mit Ihrer Spekulation nicht auf einen bestimmten Zeitrahmen fest. Gehen Sie die Anlage in Aktien langfristig (mindestens fünf Jahre) an. Machen Sie sich nicht abhängig von einem schnellen Erfolg und dem Verkaufsdruck zu einem festgelegten Zeitpunkt.

5. Gehen Sie als Börsenneuling nicht in Spezialwerte, sondern bevorzugen Sie die 100 größten Standardaktien (DAX und MDAX). Der Grund: Diese Aktien verfügen über eine sichere Liquidität, so dass Kleinanleger keine »Zufallskurse« befürchten müssen.

6. Streuen Sie das Risiko, und bauen Sie das Depot mit Papieren aus unterschiedlichen Branchen.

7. Meiden Sie dividendenlose Aktien. Denn diese sind erfahrungsgemäß spekulativer als Papiere mit Ausschüttung.

8. Spekulieren Sie mit Aktien aus dem so genannten amtlichen Handel. Sie unterliegen strengeren Anforderungen und werden durch das Bundesaufsichtsamt für den Wertpapierhandel und von der Börsenaufsicht vor Ort überwacht – im Gegensatz zu den Aktien im Telefonverkehr.

9. Lassen Sie sich auf keinen Fall von Panikverkäufen anstecken. Beobachten Sie die wirtschaftliche Entwicklung der Unternehmen, von denen Sie Aktien erworben haben. Verkaufen Sie wirklich nur dann, wenn deren betrieblicher Erfolg gefährdet scheint. Sind die Unternehmen hingegen stabil, dann warten Sie die Zeit ab, und verkaufen Sie nicht.

10. Machen Sie sich selbst ein Bild von dem aktuellen Wirtschafts- und Börsengeschehen. Marktanalysen und Trends gibt es täglich in verschiedenen Fernsehsendern (z. B. *N24, ntv, Pro7*) und Tageszeitungen (z. B. *Handelsblatt*), wöchentlich bzw. monatlich in mehreren Fachzeitschriften.

Tipps der Deutschen Schutzvereinigung für Wertpapierbesitz.

KURSGEWINNE, DIVIDENDE UND BEZUGSRECHTE

Der gesamte Gewinn des Aktionärs besteht jedoch nicht nur aus der Rendite. Hier spielen auch andere Faktoren eine Rolle. Dazu gehören vor allem

• Kursgewinne,

• Dividenden und

• Bezugsrechte, also die Möglichkeit, an der Ausgabe z. B. von Gratis- oder Berichtigungsaktien zu verdienen.

Die Kursgewinne

Vor allem die Kursgewinne spielen eine entscheidende Rolle. Mancher Aktionär setzt sogar ganz auf die erhofften Kurssteigerungen und nimmt die weiteren Erträge aus Dividendenzahlungen oder dem Verkauf von Bezugsrechten eher als kleines Zubrot.

Aktienkurse schwanken, einzelne Werte verzeichnen manchmal innerhalb weniger Tage zweistellige Kursgewinne, während es bei anderen Werten innerhalb derselben Zeit mit zweistelligen Prozentzahlen in den Kurskeller geht. Langfristig betrachtet aber zeigt die Kurslinie immer nach oben.

Für Kursgewinne benötigt man einen langen Atem. Theoretisch ist es machbar, sein Geld ohne Verluste an der Börse einzusetzen, sogar Gewinne zu machen. Man müsste nur nach Kursverlusten so lange warten, bis sich die Verluste durch spätere Gewinne wieder ausgeglichen haben. Dies ist in der Vergangenheit immer passiert. Aber meistens haben Anleger nicht die Geduld, darauf zu warten.

Angenommen, Sie haben Aktien gekauft, und diese Aktien vollziehen immer exakt die Bewegungen des DAX nach. Nun erleben Sie einen Börsencrash, der DAX und Ihr Kurs brechen ein – dann wäre ein Verkauf das Verkehrteste der Welt. Denn ein Blick auf die DAX-Jahresendstände der Vergangenheit zeigt Ihnen, wie lange Sie schlimmstenfalls hätten warten müssen, um die erlittenen Verluste durch Gewinne wieder wettzumachen, sie eventuell sogar aufzuholen. So stellt auch ein deutlicher Kurseinbruch für den Anleger noch keinen Verlust dar. Der Verlust tritt erst ein, wenn er realisiert wird, also die Aktien zu Kursen unterhalb des Kaufkurses verkauft werden.

Nach einem deutlichen Kurseinbruch an der Börse bieten sich für den Anleger immer neue Chancen auf kräftige Kursgewinne. Doch zunächst muss die Situation des Börsencrashs durchgestanden werden, und das schafft nicht jeder. Man sollte wissen, ob es sich um eine allgemeine Börsenschlappe handelt oder ob nur der Kurs eines einzelnen Wertes fällt – losgelöst vom allgemeinen Börsentrend. Liegt z. B. eine Unternehmenskrise vor, die langfristig die Ertragskraft gefährdet? In diesem Fall sollte der Zukauf gut überlegt sein, der Anleger muss viel Mut zum Risiko aufbringen. Oder handelt es sich nur um eine Schreckreaktion von Anlegern auf eine negative Nachricht, die aber zumindest mittelfristig nichts an den guten Erwartungen bezüglich der Ertragskraft ändert? Hier kann sich die aktive Strategie des Nachkaufens weiterer Papiere auszahlen.

Die wirtschaftliche Situation und Entwicklung eines Unternehmens beobachten und realistisch einschätzen.

Die Regel, dass man schlechtem (verlorenen) Geld nicht noch gutes hinterherwerfen soll, gilt für vorsichtige Kaufleute – und auch für den Aktieneinsteiger mit Normaleinkommen. Das Pokerspiel mit Werten eines zusammengebrochenen oder zusammenbrechenden Unternehmens ist heißeste Spekulation – ein totales Verlustrisiko besteht dann immer.

Die Dividendenstrategie

Neben den zu erwartenden Kursgewinnen lohnt sich für den Anleger auch ein genauer Blick auf die Verzinsung der Dividende. Denn allein der Ertrag aus der Dividendenrendite kann ansehnlich sein. Es gibt Aktien, die überdurchschnittlich hohe Dividendenerträge von nicht selten über vier, manchmal auch über fünf Prozent bieten. Aus diesem Grund werden diese Papiere gelegentlich auch als Sparbuchaktien bezeichnet.

In vielen Fällen handelt es sich dabei um die Aktien von Unternehmen, die in relativ stabilen, konjunkturunabhängigen oder klar aufgeteilten Märkten ihre Geschäfte machen.

Allerdings sollte der Anleger bei der Dividendenstrategie seinen Sparerfreibetrag noch nicht ausgeschöpft haben. Zusammen mit den oft stattlichen Körperschaftsteuergutschriften stellen derartige Sparbuchaktien häufig eine sehr interessante und lohnende Alternative zu festverzinslichen Wertpapieren dar.

Achten Sie bei der Dividendenstrategie auf die Höhe der Körperschaftsteuergutschrift. Diese beträgt nämlich nur dann drei Siebtel, wenn das Unternehmen seine Gewinne ausschließlich im Inland versteuert. Werden Erträge im Ausland versteuert, gibt es dafür keine Steuergutschrift.

Die Bezugsrechte

Das Vorkaufsrecht auf neue Aktien betrifft Aktionäre.

Außer bei Gratis- und Berichtigungsaktien bekommt der Teilhaber einer Aktiengesellschaft als Altaktionär bei jeder Kapitalerhöhung die Möglichkeit eingeräumt, ein Vorkaufsrecht auf die jungen Aktien auszuüben. Die Bezugsrechte richten sich nach dem Aktienanteil des jeweiligen Anlegers. Er kann sie ausüben oder verkaufen. Der Wert eines Bezugsrechts kann tagesaktuell z. B. bei der Bank erfragt werden, er wird aber auch von Wirtschaftsredaktionen im Umfeld der Börsenkurse veröffentlicht. Ob ein Bezugsrecht verkauft werden oder ausgeübt werden soll, kann der Anleger nur vom Einzelfall abhängig machen. Hierfür gibt es keine Faustregel. Bevor sich der Anleger für die Ausübung oder den Verkauf seiner Bezugsrechte entscheidet, sollte er sich ein Bild über die genauen Umstände der Kapitalaufstockung machen. Findet eine Kapitalerhöhung statt, weil das Unternehmen in interessante Zukunftsmärkte investieren, mit dem frischen Geld seine Ertragsmöglichkeiten verbessern will, sollte das Bezugsrecht ausgeübt werden. Besteht Kapitalbedarf wegen einer wirtschaftlichen Schieflage des Unternehmens, kann ein Verkauf der Bezugsrechte sinnvoll sein.

Wie bei jedem Aktienkauf kommt es also auch hier darauf an, die Zukunft des Unternehmens einzuschätzen. Wer da zu einem positiven Ergebnis kommt, macht mit dem Verkauf des Bezugsrechts meistens einen schlechten Schnitt.

Steht für Sie allerdings fest, dass die Bezugsrechte bei einer Kapitalerhöhung nicht ausgeübt werden sollen, ist ein schneller Verkauf unbedingt ratsam.

Regelmäßig sinkt der Wert der Bezugsrechte zum Ende des Bezugszeitraums rapide, weil dann große Mengen noch nicht ausgeübter Bezugsrechte auf den Markt kommen – und das drückt die Preise. *Bezugsrechte schnell veräußern.*

Zwar sinkt der Aktienkurs meistens nach der Kapitalerhöhung, weil vom Kurs der Wert des Bezugsrechts abgezogen wird. Aber bei positiven Unternehmensaussichten erreichen die Aktienkurse oft innerhalb einer kurzen Zeitspanne wieder ihre alte Höhe.

Auch an der Dividende ändert sich meistens nichts. Das aber bedeutet: Der Kapitaleinsatz pro Aktie verringert sich, für den Anleger ergibt sich eine höhere Dividendenrendite.

DIE BÖRSE IM INTERNET

Schnell auf das Börsengeschehen reagieren können – das world wide web (www) macht es möglich. *Flexible Planung durch raschen Zugriff auf Papiere –*

Im Internet hat der Anleger einen raschen Zugriff auf die Aktien. Vermögensplanungen lassen sich dadurch sehr viel flexibler gestalten.

Viele Direktbanken bieten seit einiger Zeit die Möglichkeit, Zeichnungen online zu tätigen. Hinzu kommen virtuelle Emissionshäuser, bei denen der Anleger online einen Zeichnungsschein ausfüllen kann. *das Internet macht's möglich.*

Virtuelle Emissionshäuser	
a:kon	www.akon.de
Berliner Effektenbank	www.effektenbank.de
KJD-online	www.kjd-online.de
Net.IPO	www.netipo.de
Virtuelles Emissionshaus AG (VEM)	www.going-public.de

Wer sich per Personal Computer (PC) und Internet über ein virtuelles Emissionshaus ins aktuelle Börsengeschehen auf der Welt einklinken will, sollte jedoch folgende Punkte und unsere Tipps dazu beachten:

Ausrüstung

Für Zeichnungen per Mausklick braucht man einen schnellen PC und eine ebenso schnelle Datenleitung. Denn oft haben nur die schnellsten Anleger eine Chance, an der Neuemission teilzuhaben.

Der Provider muss also in puncto Geschwindigkeit, Stabilität und Sicherheit sehr gut sein, das allerdings kann man vorher testen.

Viele große Onlinedienste bieten eine kostenlose Testphase für ihren Internetzugang an.

Persönliche Daten

Natürlich können Aktien nicht ohne Absender gezeichnet werden. Wer über das Internet Aktien kauft, muss sich registrieren bzw. anmelden, d. h. seine Daten übermitteln. Zu diesen Daten gehören Bankverbindung, Konto- und Depotnummer, manchmal auch Ausweisnummer, Angaben über Vermögensverhältnisse und Einkommen.

Der Datentransfer ist nicht völlig sicher.

Einige Emissionshäuser verlangen darüber hinaus auch noch ein Mindestgesamtvermögen, bevor sie mit dem Anleger ins Geschäft kommen.

Die Angabe der Daten birgt immer ein Sicherheitsrisiko, das der Anleger beim Zeichnen im Internet eingehen muss. Denn nur wer die persönlichen Daten auch wirklich übermittelt, kann Papiere zeichnen.

Abgesehen von dieser Problematik kosten diese Formalien auch im schnellen Internet durchaus Zeit, etwas Ausdauer und natürlich Onlinegebühren.

Schriftverkehr

Wer im Internet Aktien zeichnet, kommt um den schriftlichen Aufwand nicht herum. Der Anleger muss sich meistens

trotzdem über den Postweg identifizieren. Die ausgefüllten
Anträge müssen, genauso wie bei der Eröffnung eines Kon-
tos bei Direktbanken, zur Post gebracht werden und dort in
Anwesenheit eines Mitarbeiters persönlich unterschrieben
werden.

Der Weg zur
Post bleibt
trotzdem.

Das Ganze nennt sich Post-Ident-Verfahren. Häufig muss der
Anleger außerdem der eigenen Bank einen Abbuchungsauf-
trag erteilen.

Börsengeschehen im Internet

Internet-Adresse	Finanzplatz/Besonderheit
www.exchange.de	Zugang zu den Seiten der Deutschen Börse AG, Frankfurt, zahlreiche Informationen und Statistiken, Liveblick durch die Parkettkamera auf den Dax-Verlauf
www.neuermarkt.de	alle Wachstumswerte, Schwesterseite der Deutschen Börse
www.smax.de	kleine Titel vom Small-Caps-Segment, Schwesterseite der Deutschen Börse
www.ip.exchange.de	Erklärung der Indizes, Schwesterseite der Deutschen Börse
www.berlinerboerse.de	Berliner Börsengeschehen, Kurse und Infos über osteuropäische Aktien, Links zu Börsenplätzen im Osten
www.boerse-stuttgart.de	Baden-Württembergische Wertpapierbörse, umfangreiche Infos für Benutzer zu Optionsscheinen
www.rwb.de	Rheinisch-Westfälische Börse, Düsseldorf, ähnlich wie Site der Deutschen Börse AG, Infos zum grauen Kapitalmarkt sowie ferner Hitliste der Tageskurse
www.bayerischeboerse.de	Bayerische Wertpapierbörse, München, direkte Kursabfrage, Prädikatsmarkt, Börsenlexikon
www.boerse-hannover.de	Niedersächsische Börse
www.wtb-hannover.de	Warenterminbörse
www.boerse-bremen.de	Bremer Börse, Kursticker, Infos zum Going Public

Quelle: *Handelsblatt,* Stand: 2000

SCHNELLER REICHTUM MIT DAYTRADING – FÜR VIELE BLEIBT DAS NUR EIN TRAUM

Was bis vor kurzem nur den Börsenprofis vorbehalten war, ist nun auch für Privatanleger möglich. Mit einem PC und Internetzugang kann jeder von seinem Rechner aus auf Kursschwankungen setzen, kaufen und verkaufen. Daytrader arbeiten in direkter Konkurrenz zu Händlern aus Banken und Investmenthäusern. Wie der Name bereits verrät, machen Daytrader ihre Geschäfte innerhalb eines Tages, manchmal halten sie die Papiere sogar nicht länger als einige Minuten. Sie wollen kurzfristige Kursschwankungen an der Börse Gewinn bringend ausnutzen. Daytrader steigen bei günstigen Kursentwicklungen ein und verkaufen die Papiere schnell wieder – ein risikoreiches Geschäft mit Aktien, Optionen und Futures.

Unter den Daytradern finden sich aber auch Nichtprofis. Daytrader haben eine direkte Verbindung zur Börse – über einen Computerterminal. Häufig jedoch handelt es sich bei Daytradern nicht um Börsenprofis, ihr Arbeitsplatz ist meist in einem Daytrading-Center gemietet. Und hier liegt auch die Gefahr für die Anleger: Die Amateure sind auf sich gestellt, Fehler können schnell sehr teuer werden, wie ein Beispiel aus den USA zeigt. Dort hatten sich viele Kleinanleger als Daytrader versucht und haben zahlreich Schulden gemacht.

Davor warnt auch das Bundesaufsichtsamt für den Wertpapierhandel. Besondere Kritik wird an den so genannten Trading-Centren geübt, in denen Anleger sich gegen eine Gebühr einen eigenen Handelsplatz anmieten und sekundenschnell an den internationalen Finanzmärkten kaufen und verkaufen können. Private Anleger können in einem Trading-Center einen Handelsplatz anmieten. Nach Angaben des Bundesaufsichtsamts machen etwa 75 bis 80 Prozent der Daytrader Verluste. Der Grund: Privatanleger unterliegen keiner Kontrolle durch eine interne Prüfstelle, haben oft keine Kenntnisse über die Funktionsweise der Finanzmärkte, keine Strategien. Eine Garantie auf schnellen Reichtum gibt Daytrading also auf keinen Fall! Wer es trotzdem probieren möchte, sollte unbedingt die folgenden Tipps berücksichtigen.

Voraussetzungen und Kenntnisse für Daytrading

1. Empfehlenswert: ein halbes Jahr für Vorbereitung und Ausbildung, in dieser Zeit den Job üben, handeln auf Papier und dann zunächst mit geringem Kapitaleinsatz.

2. Perfekte Hard- und Software: mehrere Monitore, schnelle Internetverbindung, Datenübertragungsrate sollte mit spezieller Software getestet werden.

3. Kenntnisse im Risikomanagement sind sehr wichtig: In welcher Höhe können sich Verluste ergeben? Wie hoch darf der Verlust pro Tag maximal sein? Solche Stopp-Loss-Marken sind unerlässlich.

4. Ein Risikokapital von insgesamt 40.000,– DM ist angemessen, Daytrading darf grundsätzlich nur mit Risikokapital getätigt werden.

5. Die erzielten kurzfristigen Spekulationsgewinne sind steuerpflichtig, sie können beim Fiskus allerdings mit Verlusten verrechnet werden.

Aus: *Investor, Handelsblatt,* August 1999

Wenn Sie sich mit Daytrading beschäftigen wollen ...

Anfänger können das Daytrading zunächst im Trockentraining üben. Diese Möglichkeit gibt es unter:

www.daytrading-info.de
www.tradewire.de
www.mtrader.com

BROKER-BOARDS IM INTERNET

Wer sich in Broker-Boards einwählt und die Diskussionsforen nutzt, sollte die dort erhaltenen Informationen grundsätzlich immer überprüfen. Nicht immer stimmen die Meldungen, die dort bekannt gegeben werden.

In den Diskussionsforen können aber auch Börseninformationen ausgetauscht werden; man findet Börsenbriefe,

Gesunde Skepsis ist angebracht.

53

Beschwerden über Discount-Broker und Statements zu Kursentwicklungen.

Die Foren-
manager
übernehmen
keine Verant-
wortung.

Die Foren-Manager übernehmen für die Inhalte der Boards keine Verantwortung, sehen ihr Angebot als Plattform, die sie zur Verfügung stellen.

So erhält der Anleger die Möglichkeit, einen Einblick in die Börsenstimmung zu bekommen. Seriöse Informationen erhält man z. B. unter

www.vwd.de oder
www.handelsblatt.de

Fallen Sie
nicht auf An-
treiber herein.

Bei den Broker-Boards besteht vor allem die Gefahr, dass Aktien gepuscht werden.

Antreiber loben beispielsweise in einem Forum Aktien, die sie kurz zuvor erworben haben, in der Hoffnung, dass viele Unerfahrene darauf einsteigen, die Aktien ebenfalls kaufen und die Kurse in die Höhe treiben.

Deshalb sollte alles, was in diesen Foren steht, überprüft und nicht übereilt gehandelt werden. Wer das berücksichtigt, kann aus dem einen oder anderen Forum Wissenswertes herausziehen.

Nachfolgend eine Auswahl von interessanten Diskussionsforen im Internet.

Broker-Boards im Internet

Consors	www.consors.de
Digital Investor	http://digital-investor.de/8/index8/htm
Financial.de	www.financial-boards.de/foren
Interstoxx	http://board.interstoxx.de/cgi-bin/board.cgi
Stock-World	www.stock-world.de// www.gsc-research.de
Wallstreet:online	www.wallstreet-online.de// www.brokerboard.de
Wirtschaftswoche	www.wiwo.de/wwforum/diskussion.htm

DIE WICHTIGSTEN BÖRSENPLÄTZE IM INTERNET

Wer bei der eigenen Vermögensbildung auf Aktien setzt und den damit verbundene Risikofaktor nicht scheut, sollte sich in diesem Zusammenhang auch mit den internationalen Börsenplätzen beschäftigen. Dazu haben wir in unserer folgenden Übersicht die wichtigsten Plätze des weltweiten Börsengeschehens im Internet für Sie zusammengestellt.

Börsenplätze in Europa

Deutschland	www.exchange.de
England	www.stockex.co.uk/
	www.ftse.com/
Italien	www.borsaitalia.it/
Schweiz	www.swx.ch/
Frankreich	www.bourse-de-paris.fr/
Österreich	www.wbag.at/
Spanien	www.bolsamadrid.es/
Niederlande	www.aex.nl/
Griechenland	www.ase.gr/
Schweden	www.xsse.se/
Dänemark	www.xcse.dk
Finnland	www.hex.fi/
Norwegen	www.ose.no/english/
Belgien	www.bourse.be
Irland	www.ncb.ie/
Ungarn	www.fornax.hu/fmon
Polen	www.wse.com.pl/gwp/mapa2.htm
Tschechien	www.pse.cz/
Portugal	www.bvl.pt/
Russland	www.fe.msk.ru/infomarket/ewelcome.html

Alle großen Handelsplätze im Überblick und zum Anklicken.

Börsenplätze und Indizes in Nordamerika

New York Stock Exchange, Wall Street: Dow Jones	www.nyse.com/
The American Stock Exchange: AMEX	www.amex.com/cgibin/WebObjects/AmexWeb
The NASDAQ Stock Market Home Page	www.nasdaq.com/
Standard & Poor's: S&P 500	www.stockinfo.standardpoor.com/
Montreal Exchange: XXM	www.me.org/
Toronto: TSE 300	www.tse.com

Börsenplätze und Indizes in Südamerika

Mexico City: IPC	www.bmv.com.mx/bmenglish/index2.html
São Paolo: BOVESPA	www.bovespa.com.br/
Buenos Aires: MERVAL	www.merval.sba.com.ar/sib_i.htm

Börsenplätze und Indizes in Fernost

Tokyo Stock Exchange: NIKKEI	www.tse.or.jp/
Stock Exchange of Hong Kong: HANG SENG	www.sehk.com.hk/
Jakarta Stock Exchange: JSX	www.jsx.co.id/
Korea Stock Exchange: KOSPI	www.kse.or.kr/
Stock Exchange of Singapore: SES	www.ses.com.sg/
Australian Stock exchange: ASX	www.asx.com.au/

BÖRSENNACHRICHTEN IM INTERNET

Ein breit gefächertes Angebot an Börseninformationen gibt es auch im Internet. Hier berichten zahlreiche Banken, Agenturen, Wirtschaftsdienste und Wirtschaftszeitungen über das Börsengeschehen. Der preisgünstigste Weg hierbei: die

Internet-Homepage des Deutschen Aktieninstituts (DAI) in Frankfurt/Main (http://www.dai.de). Kostenlos bietet das DAI einen direkten Zugang zu den Ad-hoc-Meldungen der Verei-nigten Wirtschaftsdienste.

Wir haben für Sie Internetadressen zusammengestellt, wo Sie Informationen erhalten:

http://www.clickit.com/cgi-bin/rbox/chat.cgi
http://www.bloomberg.com/markets/currency/currcalc.cgi
http://www.element-5.de/boerse
http://www.economist.com/tfs/screensaver_tframeset.html
http://www.excite.de/directory/wirtschaft.html
http://www.fnet.de/
http://www.hoovers.com/
http://kiwiclub.bus.utexas.edu/kiwiclub.html
http://www.audionet.com/business/nasdaq/
http://www.internetbroadcast.com/amex/
http://quote.yahoo.com/

Wenn Sie Börsennachrichten am Monitor verfolgen wollen.

VERMÖGEN BILDEN AM NEUEN MARKT

Mit dem Boom am Neuen Markt (NM) ist es seit Herbst 1999 erst einmal vorbei. Aktien wurden zunehmend am unteren Preisrand ausgegeben und mussten selbst diesen Preis bereits am ersten Börsentag aufgeben. Aktiengewinne bis zu 300 Prozent am ersten Börsentag, Emissionspreise, die sich über Nacht verdoppeln und verdreifachen, wurden nicht mehr erzielt. Zahlreiche Experten halten diese Entwicklung jedoch für gesund, bezeichnen sie als natürliche Korrekturphase. Denn der Aktiengewinn hat bei manchem Börsengänger nicht dem Unternehmenswachstum entsprochen, Gewinne von 100 Prozent seien nicht haltbar.

Die Kursgewinne haben sich normalisiert.

Auch die Schutzgemeinschaft der Kleinaktionäre bewertet den Trend der Ernüchterung insgesamt positiv. Denn aufgrund der hohen Börsengewinne hat jeder Anleger blind gezeichnet, quasi mitgenommen, was er bekommen konnte. Das entspricht aber nicht dem eigentlichen Geschehen an der Börse, denn vor dem Aktienkauf sollte der Anleger das

Unternehmen hinsichtlich Tätigkeit und Position schon kennen. Ein natürlicher Selektionsprozess ist deshalb sinnvoll. Die für den Neuen Markt typischen Unternehmen kommen aus zukunftsträchtigen Branchen, beispielsweise der Telekommunikation, Biotechnologie, Multimedia oder Umwelttechnik. Es werden allerdings auch Unternehmen aus traditionellen Sektoren gelistet, wenn sie neuartige Produkte oder Dienstleistungen anbieten.

Den Neuen Markt mit Vorsicht genießen.

Für den Anleger sind diese Einbrüche allerdings katastrophal, Gewinne werden schnell zunichte gemacht. Doch das Risiko muss beim Neuen Markt kalkuliert sein. Für die Vermögensbildung sollten deshalb keine euphorischen Anlagen in den Neuen Markt getätigt werden. Denn die Gefahr von rasanten Kurseinbrüchen ist am Neuen Markt deshalb besonders groß, weil die meisten Unternehmen noch sehr klein sind und eine verfehlte Produktpolitik oder Gewinneinbußen längst nicht so gut verkraften können wie große Konzerne. Anleger sollten deshalb NM-Anteile lieber nur in geringen Mengen halten, der Aktienanteil sollte maximal 20 Prozent am Gesamtdepot betragen. Anleger jedoch, die am Anfang ihres Vermögensaufbaus stehen, und ihr Vermögen schon bald zur Altersversorgung benötigen, keine Erfahrung mit Aktienfonds oder Zertifikaten haben, keine Zeit für die Beobachtung der Börsenentwicklung haben oder ihr Geld zu einem bestimmten Zeitpunkt brauchen, sollten nicht in Werte des Neuen Marktes investieren.

MIT STRATEGIEN DEM REICHTUM EINEN SCHRITT NÄHER

Es gibt zahlreiche Börsenstrategien. Sie alle zu nennen würde viele Bände füllen, wir haben uns deshalb hier auf die bekanntesten und interessantesten beschränkt.

Die Indexstrategie

Am 1. Juli 1999 startete mit NEMAX 50 der Blue Chip Index für die 50 größten Unternehmen im Neuen Markt. Der

NEMAX 50 umfasst die nach Marktkapitalisierung und Börsenumsatz größten Unternehmen, die Auswahlkriterien sind also analog zu den anderen Aktienindizes der Deutschen Börse. Sowohl deutsche als auch ausländische Unternehmen können in den Index aufgenommen werden. Voraussetzung für die Aufnahme ist, dass ein Unternehmen nach der so genannten 60/60-Regel bei Börsenumsatz und Marktkapitalisierung zu den 60 größten Neuer-Markt-Titeln gehört. Der Anteil eines Unternehmens am Neuer Markt Blue Chip Index kann maximal zehn Prozent betragen. Der NEMAX 50 spiegelt etwa 80 Prozent der Marktkapitalisierung und des Börsenumsatzes am Neuen Markt wider. Die Basis des Blue Chip Index ist der 30. Dezember 1997 mit dem Wert 1000, er wird als Preis- und Performanceindex berechnet.

Index für die 50 größten Unternehmen am Markt.

Der NEMAX 50 zielt vor allem auf institutionelle Investoren, die gezielt Indizes mit ihren Portfolios abbilden. Besonders Privatanleger haben durch den Index eine neue Basis für ihre Anlageentscheidung.

Die Zusammensetzung des Blue Chip Index wird halbjährlich überprüft. Ein eventueller Austausch von Unternehmen erfolgt zu den so genannten Verkettungsterminen im März oder September.

Der erste Termin für den NEMAX 50 war im März 2000. Die Anpassung der Gewichte erfolgt vierteljährlich, genauso wie bei den anderen Aktienindizes.

Der NEMAX-All-Share-Index bündelt dagegen alle Unternehmen im Neuen Markt.

Die Strategie mit den Zertifikaten

Aufgrund der raschen Expansion des Neuen Marktes, der zahlreichen Notierungen und angekündigter Neuemissionen sind viele Anleger verwirrt. Die Suche nach geeigneten Titeln wurde dadurch erschwert, die Auswahl unübersichtlich. Deshalb haben sich manche Kreditinstitute eine spezielle Anlageform überlegt.

Der Neue Markt – für Privatanleger oft nur schwer zu durchschauen.

Einige Banken bieten den Neuen Markt jetzt körbchenweise in Zertifikaten an. So gibt es beispielsweise Zertifikate, die einen Aktienkorb aus den zehn gewichtigsten Werten umfassen: mit den größten Blue-Chips des Neuen Marktes. Damit sollen dann 50 Prozent der gegenwärtigen Marktkapitalisierung des Neuen Marktes abgedeckt werden.

Discountzertifikate

Darüber hinaus gibt es auch so genannte Discountzertifikate auf einzelne NM-Aktien. Bei einem Discountzertifikat ist der Wertzuwachs, im Gegensatz zu den herkömmlichen Indexzertifikaten, von vornherein begrenzt.

Der Ablauf ist folgendermaßen: Sinkt der Aktienkurs unter den vorher vereinbarten maximalen Rückzahlungsbetrag, erhält der Anleger bei Fälligkeit eine Aktie des jeweiligen Unternehmens für sein Zertifikat. Liegt der Aktienkurs jedoch darüber, wird der vereinbarte Rückzahlungsbetrag dem Aktionär in bar ausgezahlt.

Aktie oder Bargeld, das ist die Frage.

Die Renditechancen sind somit begrenzt, doch dafür ist das Zertifikat billiger als die Aktie, die Abschläge variieren zwischen den jeweiligen Unternehmen. Auch die maximal zu erzielenden Renditen sind verschieden.

Die Strategie des Timings und Umschichtens

Das perfekte Timing ist für den Anleger kaum zu schaffen. Manchmal genügen schon wenige Tage des Zögerns beim Kauf ebenso wie beim Verkauf, um die besten Tage an der Börse zu verpassen.

Das Risiko, die besten Tage oder Monate zu verpassen, ist groß. Viel sicherer ist es, einfach langfristig am Ball zu bleiben, möglichst wenig zu timen und umzuschichten. Denn die Wahrscheinlichkeit, den richtigen Tag oder die richtigen Tage zu erwischen, ist verschwindend gering. Konsequenz für den Anleger kann deshalb nur sein, insgesamt auf mittel- oder langfristige Trends zu setzen. Und für kräftige Gewinne im Aktiengeschäft bedarf es auch immer ein bisschen Gespürs und manchmal einer Portion Glück. Und das kann man auch haben, wenn man die Finanznachrichten erst einen Tag später studiert.

Nicht zu viele Bewegungen tätigen.

Die Strategie mit den technischen Reaktionen

Als technische Reaktionen bezeichnet man alle Kursveränderungen, die mit einem gewissen Automatismus einsetzen.
Typisch ist zum Beispiel, dass nach sehr starkem und schnellem Kursanstieg ein kurzer, dafür aber manchmal auch heftiger Einbruch zu verzeichnen ist: Aktien werden verkauft, damit Gewinnmitnahmen erzielt werden können. Anleger lassen sich in diesem Fall praktisch die Kurssteigerungen der letzten Zeit auszahlen.

Steiler Aufstieg mit kurzem Linienknick bei der Aktienentwicklung.

Der oft folgende schnelle Wiederaufstieg zeigt dann, dass die Verkäufer grundsätzlich noch Vertrauen in weitere Kursgewinne haben, zu den zwischenzeitlich gefallenen Kursen neu einsteigen. Als deutliches Signal kann Kauf oft angesehen werden, wenn der Kurs nach steilem Anstieg und kurzem Knick nach unten erneut zu klettern beginnt.

Die Vorzugsaktienstrategie

Diese Strategie beruht auf dem Prinzip, Vorzugsaktien statt Stammaktien zu kaufen. Auch sie ist geeignet für renditeorientierte Aktienanleger.

Gegenüber den Stammaktionären erhalten Vorzugsaktionäre eine bestimmte Mindestdividende und häufig auch allgemein eine höhere Dividende. Die Mindestdividende wird auch in dem Fall an die Aktionäre gezahlt, wenn die Stammaktionäre aufgrund der schlechten Ertragslage des Unternehmens leer ausgehen.

Kann sie jedoch einmal vom Unternehmen nicht geleistet werden, wird sie im kommenden Jahr nachgezahlt, sobald es mit den Geschäften wieder besser läuft.

Der Nachteil von Vorzugsaktien besteht allerdings darin, dass die Vorzugsaktionäre auf ihr Stimmrecht verzichten müssen, welches ihnen normalerweise auf der Hauptversammlung zusteht. Doch hier sollte man zwischen Großinvestoren und Privatanlegern unterscheiden. Großinvestoren verzichten lieber auf die bei Vorzugsaktien höhere Dividende, aber nicht auf die Möglichkeit ihrer Einflussnahme auf die Unternehmensleitung bei der Hauptversammlung.

Besser für Privatanleger: die Vorzugsaktie.

Privatanleger dagegen haben vergleichsweise wenig Aktien und damit auch keinen großen Einfluss. Für sie ist die Vorzugsaktie eine gute Alternative, denn

- die Kursentwicklung der Vorzugsaktie ist meistens kaum schlechter als die der Stammaktie,
- die Vorzugsaktie bringt eine nöhere Bardividende.

Die Anlage in Vorzugsaktien sollte mittel- bis langfristig gewählt werden.

OPTIONSSCHEINE

Mit dem Kauf von Optionsscheinen erwirbt der Anleger das Recht, eine Aktie zu einem bestimmten Zeitpunkt zum Festpreis zu erwerben – unabhängig vom gerade notierten Kurswert. Eigentlich handelt es sich dabei also um eine Wette auf steigende oder fallende Kurse. Denn das Geschäft liegt darin, über die Option Aktien zu niedrigeren als den Kurswerten kaufen zu können – doch so lange warten die meisten Spekulanten gar nicht.

Das Geschäft mit Optionsscheinen wird vorher gemacht, weil mit jeder Veränderung des Aktienkurses am Markt auch der Wert des Optionsscheines (stärker als der Aktienkurs) zu- oder abnimmt.

Optionsscheine bergen ein hohes Risiko hinsichtlich eines Totalverlustes. Wer sich hier verspekuliert, kann sein gesamtes eingesetztes Kapital verlieren. Das Risiko eines Totalverlustes ist also hoch, das muss man wissen, wenn man sich für Optionsscheine entscheidet.

Für die Vermögensbildung sind Optionsscheine allein also nicht sinnvoll, sie können vor diesem Hintergrund immer nur eine ergänzende Maßnahme sein.

Fällt nämlich der Aktienkurs, wird sich niemand mehr für einen Optionsschein interessieren, der auf eine Kaufoption (Call) zu erheblich höherem Preis lautete. Handelte es sich aber um eine Verkaufsoption (Put) zu einem hohen Preis, während der Aktienkurs längst in den Keller gerutscht ist, hat sich das Geschäft gelohnt.

Wichtige Hinweise zu Optionsscheinen

1. Wenn Sie neu im Optionsscheingeschäft sind, benötigen Sie eine Bank, die etwas von der Optionsscheinanlage versteht und entsprechende Beratungsleistungen anbietet.

2. Wählen Sie beim Einstieg einen Schein mit einer Standardkonstruktion – Put oder Call. Setzen Sie auf ein Ihnen vertrautes Basisinstrument (z. B. DAX oder MDAX), bei dem es viele Emittenten und Emissionen gibt. Außerdem haben Sie den Vorteil, dass Sie den Kursverlauf gut verfolgen können.

3. Legen Sie nur einen kleinen Teil des Vermögens (maximal zehn Prozent) in Optionsscheinen und Optionen an. Und denken Sie immer daran, dass Totalverluste bei Warrants (Optionsscheine) immer möglich sind. Für Sie darf also der Verlust Ihres Einsatzes keine Katastrophe sein.

4. Setzen Sie nie alles auf eine Karte. Splitten Sie Ihren Einsatz wie auch bei Aktien auf mehrere Risiken auf.

5. Nachdem Sie sich für eine Option entschieden haben, legen Sie den Basispreis fest. Bevorzugen Sie den Schein, dessen Basispreis deutlich unter dem aktuellen Kurs liegt. Im Fachjargon heißt das, der Basispreis des Scheins liegt deutlich im Geld. Grundregel: Je weiter der Schein im Geld liegt, desto niedriger wird das Verlustrisiko. Der Nachteil: Auch die Renditechancen sinken.

6. Danach wählen Sie einen Emittenten aus. Wenn Sie sich, wie empfohlen, für eine Standardkonstruktion entschieden haben, gibt es eine große Auswahl an Scheinen. Bevorzugen Sie denjenigen, der die engsten Kursspannen aufweist und den liquidesten Markt macht. Viele Abschlüsse sprechen für einen regen Handel, nachlesen können Sie die Zahl der während des Börsenhandels festgestellten Kurse in Wirtschafts- und Finanzpublikationen.

7. Seien Sie vorsichtig bei exotischen Optionsscheinen. Kaufen Sie am besten nur solche Papiere, deren Konstruktion Sie verstehen.

8. Limitieren Sie Ihre Aufträge, und setzen Sie sich stets ein Verlustlimit. Verkaufen Sie sofort, wenn das Limit erreicht ist.

9. Wählen Sie Optionsscheine mit ausreichend langer Restlaufzeit. Sie sollte länger sein als der eigene Erwartungshorizont, mindestens aber ein Jahr betragen.

> Nicht mehr als zehn Prozent des Vermögens für das Geschäft mit Optionsscheinen einsetzen.

63

EMERGING-MARKET-FONDS

Investitionen in Schwellenländern sind voller Risiken.

Obwohl wir das Anlagethema Fonds im nächsten Kapitel genauer unter die Lupe nehmen werden, wollen wir hier bereits auf die Emerging-Market-Fonds eingehen, da sie zu den spekulativen Anlagen gehören. Als Emerging Markets werden den Schwellenländer bezeichnet.

Emerging-Market-Fonds investieren in lateinamerikanische, südostasiatische oder auch osteuropäische Aktien. Gewinne von mehr als 100 Prozent sind drin, Verluste von 80 Prozent aber auch.

Trotzdem können Schwellenländer, deren Aktienmarkt einigermaßen funktioniert, für die Anleger interessant sein. An manchen Börsen sind Privatanleger zwar noch unerwünscht, mit Emerging-Market-Fonds können sie aber auch diese Länder in ihr Depot holen.

Faustregel: Das Wirtschaftsleben der Emerging-Markets wird weniger von Zinsen als vielmehr von politischen oder sozialen Spannungen geprägt.
Ebenfalls wichtig: die Weltkonjunktur. Wenn die Wirtschaft in den Industrieländern boomt, dann fällt auch etwas für Schwellenländer ab.

Anleger riskieren erfahrungsgemäß mit diesem Fondstyp weitaus mehr als mit einem traditionellen europäischen Aktienfonds.

Starke Kursschwankungen sind durchaus typisch für derartige Fonds.

So können Anleger in einem schlechten Jahr mehr als die Hälfte ihres Vermögens verlieren, es dafür in guten Jahren aber durchaus verdoppeln.

Eine Untersuchung der Experten von *Finanztest* zeigt: Die Kurse von Emerging-Market-Fonds schwanken stark. Nur ein erfahrener Anleger kann beurteilen, wann der Zeitpunkt für den Ein- und Ausstieg günstig ist.

Die Fonds eignen sich in diesem Zusammenhang eher für die kurzfristige Spekulation. Deshalb sollte man auf niedrige Ausgabeaufschläge achten.

64

Das Risiko ist sehr hoch: Bei einer Anlage in Emerging-Market-Fonds müssen Verluste von teilweise über 50 Prozent in einem Jahr verkraftet werden können. Die Vergangenheit zeigte:
Verliert eine politische Region das Vertrauen der finanzkräftigen Investoren, dann kippen auch die anderen. Krisen in Asien und Russland beispielsweise lösten auch in Lateinamerika eine Kapitalflucht aus.

Emerging-Market-Fonds sind nur für Depotgrößen ab 50.000,– Euro geeignet. Der Anleger sollte nicht sein gesamtes Vermögen in diese Fonds stecken, der Emerging-Market-Fonds-Anteil maximal zehn Prozent des Depots nicht überschreiten.

Nur für finanzkräftige Großanleger – die Emerging-Market-Fonds.

Durch die schwungvolle Kursentwicklung haben vergangene Renditeerfolge bei diesen Fonds wenig Aussagekraft für den Anleger. Trotz positiver Prognosen werden ihre Kurse auch in Zukunft stark schwanken. Das Risiko des Verlustes bleibt also nach wie vor bestehen. Für nervenschwache Menschen ist dieser Fondtyp daher nicht besonders zu empfehlen, wie wir meinen.

DAS SICHERE GELD – IN KLEINEN SCHRITTEN ZUM VERMÖGEN

Für den sicheren Vermögensaufbau gibt es zahlreiche Angebote: von der Lebensversicherung über Sparpläne und Aktienfonds bis hin zu Rentenpapieren. Wenn bei der Vermögensplanung große Sicherheit im Vordergrund steht, sind Anlagen mit garantierter Rendite empfehlenswert. Dafür muss jedoch häufig eine geringere Rendite in Kauf genommen werden als bei risikoreicheren Anlagen. Neben den klassischen Versicherungen, den AS-Fonds (Altersvorsorge-Sondervermögen-Fonds, siehe Seite 104) bieten Kreditinstitute auch so genannte Auszahlpläne an.

Eine garantierte Rendite bietet Sicherheit.

AUSZAHLPLÄNE

Die Grundidee ist immer gleich: Mit einer einmaligen Geldanlage soll für einen vorher festgelegten Zeitraum ein regelmäßiges Einkommen erzielt werden: zur zusätzlichen Altersvorsorge, zur Sicherung des Lebensstandards, aber auch zur Finanzierung von Ausbildung und Studium von Kindern und Enkelkindern. Die Mindestanlagesumme liegt dabei zwischen 5.000,– und 50.000,– DM.

Wenn die Bank Ihre Rente zahlt.

Der Sparer kann zwischen zwei Auszahlungsvarianten wählen: Entweder entnimmt er dem eingesetzten Kapital lediglich monatliche Beträge in Höhe der Zinsen. Das Guthaben bleibt erhalten und wird am Ende vollständig ausgezahlt. So wäre eine »ewige« Rente zu finanzieren. Oder er verbraucht in einer festgelegten Zeit sowohl die Zinsen als auch das gesparte Kapital (Kapitalverzehr). Auch eine Teilentnahme des Geldes ist möglich.

Die Bankrente ist eine absolut sichere, genau kalkulierbare Geldanlage ohne jedes Risiko, vorausgesetzt Zinshöhe und

Laufzeit werden bei Vertragsabschluss fest vereinbart. Damit ist klar, wie lange eine Bank wie viel Geld auszahlt, Kurs- und Zinsschwankungen fallen weg.

Angebote mit variablem Zins sind eher mit Vorsicht zu genießen. Das Zinsänderungsrisiko ist groß, und eine feste Kalkulation steht schnell auf tönernen Füßen.

Laut einer Untersuchung von *Finanztest* ist eine Bankrente geeignet für kürzere und mittlere Laufzeiten, zum Beispiel zur Ausbildungsfinanzierung oder zeitlich begrenzten Sicherung des Lebensstandards. Für eine »ewige Rente« kommen eher Fondsauszahlpläne und private Rentenversicherungen in Frage. Der Anleger sollte vor allem auf Planungssicherheit achten und nur Angebote mit Zinsgarantie über die gesamte Laufzeit auswählen.

Zinsgarantie über die ganze Laufzeit bevorzugen.

Die Zinserträge aus den Auszahlplänen sind vollständig steuerpflichtig, wichtig also, ob noch ausreichend steuerliche Freibeträge verfügbar sind.

Tipp: Dient das Geld zur Ausbildungsfinanzierung des Sprösslings, kann der Vertrag auch auf den Namen des Kindes abgeschlossen werden. Dann bleibt der eigene Freibetrag unberührt.

Für längere Laufzeiten sollte auch immer eine Kombination aus Bankrente und Fondsauszahlplan geprüft werden. Wegen möglicher Kursschwankungen sind Fondsauszahlpläne zwar riskanter als eine Sparanlage, aber Laufzeiten und Entnahmebeträge lassen sich flexibel gestalten. Dagegen sind Auszahlpläne eher unflexibel: Sondereinzahlungen oder -auszahlungen, Ratenänderungen und auch die Kündigung während der Vertragslaufzeit sind zumeist nicht möglich.

Flexibilität ist nicht möglich.

FESTZINSANLAGEN

Ein wesentlicher Vorteil von festverzinslichen Anlagen ist, dass sich die Zinserträge genau kalkulieren lassen und die Termine der Zinszahlungen feststehen. Der Anleger erhält sein eingesetztes Kapital zum Ablauf der Anlagezeit immer in voller Höhe (Nennwert) zurück.

Bei den verschiedenen Anlagepapieren gibt es deutliche Unterschiede. Das betrifft z. B. die Laufzeit: Die Dauer der regelmäßigen Zinsausschüttungen bis zur Rückzahlung des Kapitals variiert von Papier zu Papier.

Der Anleger kann auch die Mindestanlagesumme wählen.

Hier gilt: Hohe Investitionsbeträge über einen längeren Zeitraum ohne Ausstiegsmöglichkeit lassen das Risiko entsprechend steigen. Mit der Wahl des Papiers sollte auch über die Frage nach der Qualität des Schuldners nachgedacht werden. Schuldverschreibungen vom deutschen Staat oder Pfandbriefe von deutschen Hypothekenbanken sind risikoarm, die Anlage ist fast hundertprozentig sicher.

Sicheren Schuldnern den Vorrang geben.

Anders ist das bei Industrieunternehmen oder auf Deutsche Mark lautenden Auslandsanleihen (von Firmen, Banken oder Staaten) – hier bleibt immer ein Restrisiko.

Ein weiterer wesentlicher Unterschied besteht in der Höhe der Rendite, also der für die gesamte Laufzeit garantierten Zinszahlungen. Der Ertrag ist abhängig von der Dauer der garantierten Zinszahlungen und von der Möglichkeit, die Papiere vorher zurückzugeben.

Überblick: Festzinsanlagen und ihre Verzinsung

Die Zinsen/Renditen richten sich nach dem Zinsgefüge auf dem Geldmarkt – hier angegeben sind »Momentaufnahmen«, die aktuellen Schwankungen unterworfen sind. Das Verhältnis der Renditen verschiedener Papiere zueinander bleibt aber auch bei Veränderungen am Kapitalmarkt erhalten.

Wertpapier	Herausgeber	Laufzeit	Zins bzw. Rendite
Öffentliche Anleihen	Bundesrepublik Deutschland	1 Jahr	3,70 – 3,72 %
		2 Jahre	4,13 – 4,25 %
		3 Jahre	4,59 – 4,68 %
		4 Jahre	4,74 – 4,98 %
		5 Jahre	5,02 – 5,16 %
		6 Jahre	5,13 – 5,32 %

Wertpapier	Herausgeber	Laufzeit	Zins bzw. Rendite
Bundesobligationen	Bundesrepublik Deutschland	5 Jahre	4,60 %
Bundesschatzbriefe (Typ A)	Bundesrepublik Deutschland	1 Jahr	2,25 %
		2 Jahre	2,74 %
		3 Jahre	3,15 %
		4 Jahre	3,47 %
		5 Jahre	3,70 %
		6 Jahre	3,94 %
Bundesschatzbriefe (Typ B)	Bundesrepublik Deutschland	1 Jahr	2,25 %
		2 Jahre	2,75 %
		3 Jahre	3,16 %
		4 Jahre	3,50 %
		5 Jahre	3,75 %
		7 Jahre	4,17 %
Finanzierungsschätze	Bundesrepublik Deutschland	1 Jahr	3,47 %
		2 Jahre	4,00 %
Pfandbriefe	Hypotheken-banken	1 Jahr	3,58 – 3,76 %
		2 Jahre	3,85 – 4,16 %
		3 Jahre	4,27 – 4,54 %
		4 Jahre	4,63 – 4,83 %
		5 Jahre	4,82 – 5,03 %
		6 Jahre	4,96 – 5,19 %
		8 Jahre	5,29 – 5,47 %
		10 Jahre	5,48 – 5,63 %
Spar- und Sparkassen briefe, Obligationen	Banken, Spar-kassen	4 Jahre	3,25 – 4,57 %
		5 Jahre	3,50 – 5,00 %
		6 Jahre	3,75 – 5,25 %
		8 Jahre	4,25 – 5,50 %
		10 Jahre	4,50 – 5,75 %
Angegeben sind die Renditen bzw. Bruttorenditen			

Der Zinssatz
ist genau kal-
kulierbar.

Bei allen Papieren ist das Grundprinzip gleich: Der Käufer gibt dem Schuldner einen Kredit, und dieser verpflichtet sich, diesen Kredit nach einer genau festgelegten Laufzeit wieder in voller Höhe zurückzuzahlen. Als Gegenleistung erhält der Käufer einen bestimmten Zins, der sich genau kalkulieren lässt und der zu einem bestimmten Zinstermin (meist jährlich) ausbezahlt wird.

Nach Ablauf der Anlagezeit bekommt der Sparer sein eingesetztes Kapital in voller Höhe (Nennwert) zurück.

Mit dem Erwerb solcher Papiere wird der Anleger quasi selbst zu einem Kreditgeber. Denn festverzinsliche Wertpapiere werden von öffentlichen Schuldnern (Bundesländer, Nationalstaaten), von Geldinstituten oder von Firmen herausgegeben. Sie leihen sich Geld – und garantieren mit ihrem gesamten Besitz und Vermögen für die Zahlung der Zinsen und die Rückzahlung des angelegten Kapitals.

GARANTIERTER ZINS UND RENDITE

Das Zins-
niveau be-
stimmt den
Kurswert.

In Zeiten hoher Zinsen werden Papiere mit niedrigem garantierten Zins zu niedrigen Kurswerten gehandelt – man bekommt sie also für weniger als den aufgedruckten Nennwert. In Zeiten niedriger Zinsen werden Papiere mit hohem garantierten Zinssatz auch zu hohen Kursen gehandelt – man muss also mehr bezahlen, als das Papier bei der Rückzahlung überhaupt wert ist, um von den hohen Zinsen profitieren zu können. Beim Kauf muss also immer auf die Höhe von Zins und Kurswert geachtet werden. Denn beim Ertrag der festverzinslichen Wertpapiere sind immer die garantierten Zinsen gemeint. Über die Rendite sagt das allerdings noch nicht alles aus, denn beim Kauf eines Papiers muss der Kurswert bezahlt werden. Und der richtet sich nach dem augenblicklichen Zinsniveau am Geldmarkt.

Beispiel:
Wer in einer Zeit besonders niedriger Zinsen ein Wertpapier mit einem Nennwert von 100,– DM und einer Verzinsung

von acht Prozent kaufen will, muss dafür nicht 100,– DM, sondern (abhängig von der Laufzeit) vielleicht sogar als Kurswert 111,– DM bezahlen. Von den bis zum Ende der Laufzeit noch zu kassierenden Zinserträgen muss also die Mehrausgabe wegen des über 100 liegenden Kurswertes abgezogen werden. Es ist also gar nicht möglich, eine Verzinsung von acht Prozent wirklich einzustecken – denn pro Jahr gibt es für jedes Wertpapier mit 100,– DM Nennwert schließlich nur acht Mark Zinsen. Weil aber der Kursaufschlag für dasselbe Papier schon elf Mark betrug, hat sein Besitzer nach einem Jahr noch einen Verlust von drei Mark gemacht. Erst bei der nächsten Zinszahlung bleibt für ihn wirklich etwas hängen – aber auch noch keine acht Prozent oder Mark, denn er muss zunächst den Rest des anfangs gezahlten Kursaufschlages, eben die restlichen drei Mark abziehen.

Ein höherer Kurswert lässt die Zinsen schrumpfen.

In Zeiten hoher Zinsen dagegen werden die Kurswerte für niedrig verzinste Anlagen deutlich unter 100 liegen. Die recht mageren Zinserträge erhöhen sich dann also um den Betrag, den man beim Kauf gegenüber dem Nennwert des Papiers gespart hat.

Als größtes Risiko sind eventuelle Kursverluste anzusehen. Aber die treten nur bei vorzeitigem Verkauf ein. Das beste Geschäft lässt sich immer mit einem hoch verzinsten und neu aufgelegten Papier machen, bei dem bis zum Laufzeitende durchgehalten wird. Wer dagegen ein gebrauchtes

Beim vorzeitigen Ausstieg genau rechnen.

Vermögen bilden in ein bis fünf Jahren und mehr: Diese Anlagen sind empfehlenswert

Anlagezeitraum	Anlageform
Bis zu einem Jahr	Finanzierungsschätze und Festgeld
Ein bis zwei Jahre	Finanzierungsschätze, in Niedrigzinsphasen Sparbriefe
Drei bis fünf Jahre	Bundesobligationen, Bundesschatzbriefe und gute Sparbriefangebote
Länger als fünf Jahre	Bundesschatzbriefe, Bundesanleihen und gute Sparbriefangebote

Papier zu niedrigem Zins mit langer Laufzeit kauft, riskiert bei steigenden Zinsen am Geldmarkt und vorzeitigem Ausstieg aus der Anlage deutliche Verluste.

KURZBESCHREIBUNG DER PAPIERE UND ANLAGEN

Der Anleger kann wählen.

Es gibt Papiere ohne Kursbewegungen, das heißt, ohne Kursrisiko (Bundesschatzbriefe, Finanzierungsschätze), Papiere mit Kursbewegungen, das heißt, mit Kursrisiko (Bundesanleihen, Bundesobligationen), und es gibt Papiere mit besonderer Ausstattung (Wandelanleihen, Optionsanleihen, Zero-Bonds, Floater, Genussscheine).

Bundesschatzbriefe

Bundesschatzbriefe werden seit 1969 ausgegeben, sie dienen der Finanzierung öffentlicher Ausgaben, sind eine Kreditbeschaffung für den Bundeshaushalt. Es sind Inhaberschuldverschreibungen, deren Verbriefung durch Eintrag in das Bundesschuldbuch stattfindet. Sie eignen sich zur privaten Geldanlage.

»Bundesschätzchen« unterliegen keinen Kursschwankungen.

Im Sprachgebrauch auch »Bundesschätzchen« genannt, sind sie mittelfristige Schuldverschreibungen des Bundes, die als Daueremission auf den Markt gebracht und nur von natürlichen Personen und gemeinnützigen Einrichtungen aus dem Inland erworben werden dürfen. Die Rückgabe erfolgt zum Nennwert zuzüglich aufgelaufener Zinsen, Kursschwankungen ergeben sich somit nicht. Der Zinssatz steigt mit fortschreitender Laufzeit an, so dass im letzten Anlagejahr die höchsten Zinsen gezahlt werden. Eine vorzeitige Rückgabe lohnt sich also immer nur dann, wenn sich der Umtausch in höherverzinsliche Schätzchen auszahlt. Sie müssen die neue Gesamtrendite in Vergleich mit der verbliebenen der alten Schatzbriefe bringen. Aber bedenken Sie, dass die Sperrfrist neu zu laufen beginnt.

Bundesschatzbriefe werden in zwei Typen ausgegeben: Typ A und Typ B. Bei Typ A beträgt die Stückelung 100,– DM, die

Laufzeit sechs Jahre. Erwerb und Rückzahlung erfolgen in Höhe des Nominalbetrages, die Zinsen werden jährlich ausgezahlt. Die Erträge sind jährlich als Kapitaleinnahmen zu versteuern und unterliegen dem Zinsabschlag. Bei Typ B beträgt die Stückelung ebenfalls 100,– DM, die Laufzeit sieben Jahre. Die Zinsen fließen dem Anleger erst zum Zeitpunkt der Endfälligkeit oder bei vorzeitiger Rückgabe in einem Betrag zu. Die Versteuerung erfolgt erst zur Endfälligkeit oder zum vorherigen Rückgabetermin.

Laufzeit sechs oder sieben Jahre.

Bundesschatzbriefe werden wie alle anderen Wertpapiere im Depot einer Bank oder Sparkasse gegen Gebühren und Spesen verwahrt. Es besteht jedoch die Möglichkeit, die Schatzbriefe bei der Bundesschuldenverwaltung in Bad Homburg (Postfach 12 45 in 61342 Bad Homburg) gebührenfrei verwalten zu lassen. Dabei werden Ihnen weder bei Ausgabe, für die Verwaltung, bei vorzeitiger Rückgabe oder für Porto Kosten in Rechnung gestellt. Wenn Sie diesen kostenlosen Service nutzen möchten, so müssen Sie Ihrem Kreditinstitut mit der Kauforder ein Formular zur Eröffnung eines Schuldbuchkontos vorlegen. Dieses Formular bekommen Sie ebenfalls bei Ihrer Bank oder Sparkasse.

Gebührenfreie Verwaltung.

Bundesobligationen

Bundesobligationen sind börsennotierte festverzinsliche Wertpapiere mit einer Laufzeit von fünf Jahren, die der Bund seit 1979 ständig anbietet. Die einzelnen Emissionsserien werden meist für längere Zeit mit dem gleichen Nominalzins ausgestattet, während sich der Ausgabekurs in kürzeren Abständen – entsprechend der jeweiligen Marktlage – zur Feineinstellung der Effektivverzinsung ändern kann.

Es handelt sich um börsennotierte Inhaberschuldverschreibungen des Bundes mit einer Laufzeit von fünf Jahren. Diese Papiere werden laufend neu angeboten und werden ständig an den aktuellen Marktzins angepasst. Der Ersterwerb bei Emission ist gebührenfrei. Die Zinszahlung erfolgt jährlich, die Rückzahlung zum Nennwert gebührenfrei bei der Bundesschuldenverwaltung oder allen Landeszentralbanken.

Marktzinsanpassung und gebührenfreier Ersterwerb.

73

Zinsen aus Bundesobligationen unterliegen als Kapitaleinnahme der Besteuerung nach § 20 Abs. 1 Nr. 7 EStG und dem 30-prozentigen Zinsabschlag.

Wandel- und Optionsanleihen

Bei diesen Scheinen handelt es sich um eine besondere Form von festverzinslichen Wertpapieren. Verbunden mit ihrem Besitz ist nämlich das Recht, zu einem vorher festgelegten Zeitpunkt Wertpapiere zu kaufen (mit dem zur Optionsanleihe gehörigen Optionsschein) oder die Anleihe gegen einen Aufpreis in eine Aktie umzuwandeln (Wandelanleihe). Anders als bei den Aktien hat der Käufer also

1. die Möglichkeit, von den jährlichen festen Zinserträgen seines Papiers zu profitieren, und

2. die Chance, auf steigende Kurse zu spekulieren und davon ähnlich wie bei der Aktie zu profitieren.

Wer damit Geschäfte machen will, muss also gar keine Optionen ausüben oder den Wandel vornehmen – er könnte also bei steigenden Kursen auch wieder verkaufen – und nimmt dann Zinsausschüttungen und Kursgewinne mit.

Ein Totalverlust ist bei Optionsscheinen ausgeschlossen.

Ein Risiko ist aber trotzdem damit verbunden. Wenn die Scheine zu über dem Nennwert liegenden Preisen gekauft wurden und die Kurse fallen, ist die Differenz verloren. Und wer die Papiere zwischenzeitlich an der Börse abstoßen will, ist von der Aktienkursentwicklung und den Geldmarktzinsen abhängig. Immerhin riskiert man aber wegen des in jedem Fall erhalten bleibenden Nennwertes keinen Totalverlust.

Zero-Bonds (Nullkuponanleihen)

Bei diesen Wertpapieren gibt es während der gesamten Laufzeit (manchmal 30 Jahre) keine Zinszahlungen (deshalb haben diese Papiere »null Kupons«). Aber zum Laufzeitende wird der von Anfang an garantierte Rücknahmepreis quasi als Nennwert ausgezahlt. Weil die Kaufpreise manchmal nur die Hälfte des Nennwertes ausmachen, sich das eingesetzte Kapital also verdoppeln kann, ergibt sich der Gewinn allein aus der Differenz zwischen Kaufpreis und Nennwert.

Der Ertrag, der dann am Ende herauskommt, entspricht etwa dem von festverzinslichen Wertpapieren. Dieses Anlageprinzip kann zwar aus steuerlichen Gründen sinnvoll sein – aber nicht für Normalverdiener. Fehlende Ausschüttungen bei langen Laufzeiten und Kursverluste bei zwischenzeitlichem Verkauf sprechen dagegen.

Floater

Bei den so genannten »Floatern« (Gleitzinsanleihen) mit Laufzeiten bis zu sieben Jahren werden die Zinsen ständig an die aktuelle Marktsituation angepasst. Das eingesetzte Kapital (Einstiegspreise ab 10.000,– DM) kann zwar nicht verloren gehen, aber nur bei langfristiger Anlage und Kauf in Niedrigzinsphasen sind etwas höhere Renditen als bei festverzinslichen Wertpapieren zu erzielen. Ausgegeben werden die Papiere von Geldinstituten oder vom Bund, ge- und verkauft werden können sie jederzeit. Aber wer beim Verkauf gerade ein Kursloch erwischt, der muss mit Zinsen wie auf dem Sparbuch zufrieden sein. Wirklich lohnend sind solche Papiere nur für den, der über lange Zeiträume erhebliche Mittel unterbringen will.

Sieben Jahre beträgt die Laufzeit von Floaterpapieren.

Genussscheine

Der Genussschein ist eine Mischung aus Festzinswertpapier und Aktie, allerdings ohne regelmäßige Erträge. Denn bei den Genussscheinen weiß man vorher nie, ob es eine jährliche Ausschüttung gibt oder nicht. Das hängt vom Unternehmensgewinn ab. Macht das Unternehmen Gewinne, werden durchschnittlich zwischen sieben und zehn Prozent des Wertes eines Scheines (ab 100,– DM) als Rendite gezahlt. Macht das Unternehmen Verluste, gibt es kein Geld. Und je nach Unternehmenslage steigen oder fallen die Kurse für Genussscheine.

Die Unternehmenslage beeinflusst die Ausschüttung.

Verbraucherberater warnen, dass Normalverdiener sich besser nicht auf diese Anlageform einlassen sollten. Wer es aber riskieren will, sollte langfristig nur auf Bank- oder Industriewerte mit erstklassigen Namen setzen.

Länder- und Währungsanleihen

Papiere ausländischer Staaten und Unternehmen werden für den Handel an deutschen Börsen ebenfalls von den Geldinstituten geprüft. Das schützt natürlich nicht vor dem Risiko eines Staatsbankrotts oder dem Konkurs eines multinationalen Unternehmens. Auf fremde Währungen lautende Papiere sind unter »Währungsanleihen« bekannt. Hier besteht aber auch bei sicheren Schuldnern die Gefahr, durch Wechselkursverluste Geld zu verlieren. Es handelt sich also um Spekulationspapiere – und ob die Rechnung am Ende wirklich aufgeht, hängt in jedem Einzelfall von der Seriosität des Schuldners (also eines Landes oder Unternehmens) und vom internationalen Geldmarktgefüge ab. Hinsichtlich der Sicherheit ist von Währungsanleihen abzuraten.

Anlagen in fremden Währungen sind risikobehaftet.

Sparbriefe

Sie sind eine spezielle Form der festverzinslichen Wertpapiere. Der Kauf ist nur dann sinnvoll, wenn es als sicher anzunehmen ist, dass die angelegten Beträge während der Laufzeit (ab vier Jahre) nicht benötigt werden. Denn innerhalb der Laufzeit ist nur eine Beleihung des Papiers möglich, kein Verkauf wie bei anderen Festzinswerten. Dadurch entfällt aber auch das Kursrisiko. Der aufgedruckte Zinssatz und die Rückzahlung der Anlage zum vollen Nennwert sind bei Sparbriefen garantiert.

Wie gut die Geschäfte mit Sparbriefen sind, hängt vom Zinsgefüge zum Kaufzeitpunkt und der Laufzeit ab:

Schlechte Konditionen nur kurz akzeptieren.

- In Niedrigzinsphasen sollten die kürzesten Laufzeiten gewählt werden. Sonst ist man bei wieder steigenden Zinsen wegen mangelnder Ausstiegsmöglichkeit zu lange an die schlechteren Konditionen gebunden.
- In Hochzinsphasen, wenn für Sparbriefe um oder über acht Prozent Zinsen gezahlt werden, sollten lange Laufzeiten gewählt werden.

Allerdings sollte die Rendite des Sparbriefs immer mit der von anderen Festzinsanlagen verglichen werden. Wenn beim Sparbrief nur unwesentlich mehr herauskommt, sind andere

Anlagen vorzuziehen, bei denen man schneller aus der Anlage aussteigen (und bei steigenden Zinsen auf solche mit besserer Rendite umsteigen) kann.

Spargeld

Sparverträge wie Sparbücher, Tages- oder Festgeldkonten, Sparbriefe, Ratensparverträge oder Bausparverträge sind ebenso wie die Anlage in Wertpapiere eine äußerst sichere Anlageform. Mit ihnen kann auch der absolut risikoscheue Anleger Zinsen kassieren.

Mit der Währungsunion haben sich allerdings bestimmte Zinssätze für Sparverträge geändert, es gibt keine Verzinsung mehr nach dem Diskont- und Fiborsatz. Die Zinssätze Diskont- und Fiborsatz werden durch neue Orientierungsmarken ersetzt. Als Ersatz für den Diskont gibt es – vorübergehend – den Basiszins der Europäischen Zentralbank, statt Fiborsatz wird nun nach dem Euribor verzinst. Der Euribor ist der Zins, den führende Banken im Euro-Land für kurzfristige Anlagen zahlen.

Wer das Risiko nicht liebt, ist mit Spargeld auf der richtigen Seite.

Sparbuch

Für Banken und Sparkassen gibt es kein besseres Geschäft als das mit den Sparbüchern. Die Institute zahlen maximal bis zu drei Prozent, oft jedoch nur 1,5 Prozent, und verleihen das Geld gegen erhebliche Zuschläge als Kredit weiter. Auf dem Sparbuch sollten deshalb nur bis zu 2.000,– DM liegen. Die von den Banken und Sparkassen so oft angeführte »Notlage«, für die man dort mehr Geld parken soll, halten wir für ein Märchen, mit dem man sich gute Geschäfte retten will. Überlegen Sie doch mal selbst: Wie oft haben Sie in der Vergangenheit von einer Stunde zur anderen 5.000,– DM gebraucht?

Sparbücher lohnen sich in erster Linie für die Banken.

Anlagesparbücher

Diese Angebote werden als Anlage- oder Hochzinssparbücher empfohlen. Wer dort Beträge (zum Teil ab 2.000,–, üblich ab 5.000,– DM) für längere Zeit (mindestens sechs

Monate) parkt, wird denn auch tatsächlich mit deutlich höheren Zinsen als auf dem normalen Sparbuch belohnt. Aber: Auch diese Zinsen liegen noch um ein bis zwei Prozent unter denen für Festgeld oder Sparbriefe. Ein zweiter Nachteil: Ist die vereinbarte Anlagezeit abgelaufen, kann nicht das ganze Geld auf einen Schlag vom Sparbuch abgehoben werden – entweder muss rechtzeitig vorher gekündigt werden, oder es sind Strafzinsen zu bezahlen. Also: Von Sparbüchern in jeder Form kann nur abgeraten werden.

Das rechtzeitige Kündigen nicht vergessen.

Sparpläne und -verträge

Hier werden während der vereinbarten Laufzeit von maximal 25 Jahren die monatlichen Einzahlungen gleich vom Konto abgebucht. Doch der Lohn für das regelmäßige Sparen ist mager: Die Rendite liegt zum Teil um mehr als drei Prozent unter der für absolut sichere Bundeswertpapiere. Hinzu kommen weitere Fallstricke: Wer vorzeitig aus dem Vertrag aussteigen möchte, verliert die Prämien und muss sich allein mit den vergleichsweise niedrigen Zinsen begnügen. Die liegen oft nur knapp über dem Ertrag von Sparbüchern. Und wenn das Geld vorzeitig ausgezahlt werden soll, ziehen manche Institute noch Straf- oder Vorschusszinsen ab!

Achten Sie auf die Vertragsart.

Auch keine Superzinsen, aber kundenfreundliche Konditionen bieten einige Kreditinstitute mit Verträgen, bei denen nicht erst zum Vertragsende ein ordentlicher Bonus hinzukommt, sondern auf das Kapital jährlich eine zum Vertragsende hin immer weiter steigende Prämie gezahlt wird. Wer vor der Höchstlaufzeit (25 Jahre) aussteigen will, kann (mit dreimonatiger Frist) kündigen und Kapital, Zinsen sowie Prämien ohne Abzüge mitnehmen.

Festgeld (Termingeld)

Wer einen Mittelweg zwischen der Sicherheit einer Geldanlage auf dem Sparbuch, einer schnellen Verfügbarkeit des angelegten Kapitals und halbwegs vernünftigen Zinsen sucht, sollte sich bei verschiedenen Kreditinstituten nach den Möglichkeiten einer Festgeldanlage erkundigen.

Die Mindestanlagezeit liegt bei einem Monat, und als Mindestbetrag verlangen die meisten Institute 5.000,– bis 10.000,– DM, als Zinsen gibt es bei sechsmonatigen Anlagen etwa den doppelten Satz des Sparbuchzinses. Mit dieser Anlage ist keinerlei Risiko verbunden – es sei denn, man legt sein Geld in ausländischer Währung an. Das geht zwar – aber dann wird auch das Festgeldkonto zu einer Spekulation mit Verlustrisiko.

Eine Festgeldanlage ist ohne Risiko.

VORSORGEN MIT VERSICHERUNGEN

Viele Bundesbürger haben zur Absicherung ihres Lebensabends eine Versicherung abgeschlossen. Wie diese Versicherungsarten im Hinblick auf die gewünschte Rendite zu bewerten sind, soll nachfolgend genauer untersucht werden.

Kapitallebensversicherung

Bei den Kapitallebensversicherungen versprechen die Versicherer oft eine höhere Rendite, als sie tatsächlich halten. Bei Bundeswertpapieren ist die Verzinsung dagegen garantiert. So wird beispielsweise die Nettorendite der Kapitallebensversicherung mit Teilauszahlungen nicht selten bereits von Schatzbriefen geschlagen. Hochverzinsliche Anlagen stehen dann allemal besser da.

Anders als bei normalen Geldanlagen weiß der Versicherungsnehmer bei einer Kapitallebensversicherung vorher nicht, wie viel Zinsen er dann wirklich auf sein eingezahltes Kapital bekommt: Die garantierte Rendite liegt hier nur bei 3,5 Prozent – das ist etwas mehr als auf dem Sparbuch. Hinzu kommen 1,5 Prozent als Direktgutschrift aus den Jahresüberschüssen.

Garantiert sind nur 3,5 Prozent Rendite – der Rest ist ungewiss.

Die versprochene Rendite liegt bei vielen Gesellschaften bei sieben und mehr Prozent – was gemessen an anderen risikolosen Geldanlagen gar nicht schlecht wäre. Aber solche Prognosen sind nicht immer zutreffend, denn kein Versicherer weiß vorher, wie seine Geschäfte laufen. Also ist jede Aussage in diese Richtung nur spekulativ.

Umso erstaunlicher ist es deshalb, dass es in fast jedem deutschen Haushalt mindestens eine Kapitallebensversicherung gibt. Dahinter steckt eigentlich eine ziemlich unsinnige Mischung aus Risikolebensversicherung (siehe Seite 83) und Sparvertrag. Unsinnig deshalb, weil man sich gegen das Todesfallrisiko recht preiswert mit der Risikopolice absichern kann und das praktisch als Spargeld eingezahlte Kapital nur eine eher lausige Verzinsung bringt.

Trotzdem erscheint eine Kapitallebensversicherung auf den ersten Blick viel lohnender als eine reine Risikolebensversicherung. Denn beim Ablauf einer Risikopolice kann sich der Versicherte zwar seines fortdauernden Lebens erfreuen, aber nicht eines warmen Geldregens. Bei der Kapitallebensversicherung dagegen bekommt er zum Vertragsablauf die vereinbarte Versicherungssumme zuzüglich einer Überschussbeteiligung aufs Konto überwiesen. Weil es sich bei diesen Beträgen um erhebliche Summen handelt, meistens über 100.000,– DM, sieht das auf dem Papier auch sehr schön aus. Und der Vertreter kann die tollsten Musterrechnungen aufstellen. Was er gern macht – schließlich bekommt er bei einem Vertrag über 100.000,– DM zwischen 2.500,– und 5.000,– DM Provision.

Bei Musterrechnungen ist Papier geduldig – doch wie hoch ist der Sparanteil bei dieser Versicherungsart?

Aber die Wirklichkeit bei den Auszahlungsbeträgen sieht traurig aus, wird deshalb häufig von den Versicherungsgesellschaften nur vage formuliert.

Viele Gesellschaften rechnen ihren Kunden nicht vor, wie hoch der Prämienanteil für das Versicherungsrisiko, die Abschlussprovision und der Sparanteil ist.

Jeder Versicherungsvertreter wird versuchen, Ihnen statt der Risiko- eine Kapitallebensversicherung anzudrehen. Denn daran verdient er viel mehr. Sein Argument wird sein: Bei der Kapitallebensversicherung bekommen Sie auch Geld heraus, wenn Sie nicht sterben. Das klingt einleuchtend und mag als Bonbon erscheinen. Aber: Für dieses Geld müssen Sie zunächst jahrzehntelang hohe Beiträge zahlen. Das hat nichts mehr mit dem eigentlich angestrebten Versicherungsschutz für den Todesfall zu tun, sondern es handelt sich um

eine Kombination zwischen Versicherung und Sparvertrag.
Aber Sie wollen nur eine Versicherung.

Der richtige Vertrag

Um zum Vertragsablauf eine Viertelmillion Mark kassieren zu
können, müssen auch bei den günstigsten Versicherern fast
30 Jahre lang rund 250,– DM monatlich eingezahlt werden.
Und den großen Geldsegen gibt es natürlich zum Vertragsende nur, wenn der Beitrag ohne Unterbrechungen immer
pünktlich gezahlt wird.

Wer wegen Krankheit oder Arbeitslosigkeit mal aussetzen
oder den Vertrag verändern will, riskiert hohe Verluste. Und
wer vorzeitig an sein Geld will, wird nur mit einem beschei-
denen Rückkaufswert abgespeist. Deshalb sollte die Ver- Wer mal nicht
sicherungssumme von vornherein niedrig gewählt werden. zahlen kann,
Dann sind auch die Beiträge niedrig. Und die Laufzeit (ab verliert viel
12 Jahre) sollte in einem überschaubaren Rahmen bleiben. zu viel.
Es ist unsinnig (und dient nur den Gesellschaften), als Ab-
laufdatum automatisch den 65. Geburtstag zu wählen. Die
meisten scheiden früher aus dem Berufsleben aus. Und schaden könnte es auch nicht, schon zum 45. Geburtstag die
erste kleine und dann noch ein paar weitere Lebensversicherungen ausgezahlt zu bekommen. Kleine Verträge mit kürzeren Laufzeiten bringen mehr Flexibilität und verringern Risiken (Arbeitslosigkeit, Krankheit), die den Fortbestand eines
großen Vertrages gefährden können. Dynamische Prämien
(also steigende Beiträge) werden oft angepriesen, um den
Inflationsverlust auszugleichen. Aber: Wegen eines kompli-
zierten Berechnungssystems lohnt sich die Dynamik nur bis
zum 45. Lebensjahr, danach wirkt sich der Mehrbeitrag
kaum noch auf die Höhe des auszuzahlenden Betrages aus.

Besondere Vertragsformen

1. Die Direktversicherung

Für alle Arbeitnehmer zahlt sich eine Kapitallebensversicherung in Form einer Direktversicherung aus. Wer hohe Steuern zahlt, für den kann ein solcher Vertrag sogar ein richtig

gutes Geschäft werden – mit einer ordentlichen Rendite. In diesem Fall muss man allerdings seinen Chef bitten, er möge eine solche Direktversicherung abschließen. Und das funktioniert so: Der Beitrag (maximal 3.408,– DM pro Jahr) wird vom Gehalt abgezogen – bevor es versteuert wird. Und auf diesen Betrag muss nicht der normale Steuersatz gezahlt werden, sondern nur ein Pauschalsatz von 20 Prozent. Gleichzeitig fallen durch das künstlich verringerte Einkommen auch noch die Sozialabgaben niedriger aus: Vom Einkommen und vom Steuersatz ist es also abhängig, wie hoch die echte Rendite bei einer Direktversicherung ausfällt. Bis zu zehn Prozent sind aber durchaus drin – und das ist schon ein sehr lohnendes Ergebnis.

Eine Rendite von bis zu zehn Prozent ist möglich.

Wichtig: Solche Verträge dürfen frühestens zum 60. Geburtstag des Arbeitnehmers fällig werden. Wer vorher eine Auszahlung des Rückkaufswertes verlangt, riskiert den Verlust der Steuervorteile. Die Mindestlaufzeit beträgt fünf Jahre, der Todesfallschutz mindestens 60 Prozent der gesamten Beiträge. Ein vorzeitige Kündigung sowie eine Abtretung oder Beleihung sind nicht möglich.

Die Steuervorteile bei Ablaufleistung oder Vertragsende sind wie bei der Kapitallebensversicherung.

2. Die fondsgebundene Kapitallebensversicherung
Diese Fondspolicen sind zwei in einem: ein Sparplan und ein abgesichertes Todesfallrisiko. Der Sparanteil der monatlichen Prämienzahlungen wird in Investmentfonds für Immobilien, Aktien oder festverzinsliche Wertpapiere (Renten) angelegt. Im Klartext: Fondspolicen sind den Launen der Börse ausgesetzt, es kommt hier also eine unsichere Komponente hinzu. Deshalb ist diese Anlageform nur für denjenigen geeignet, der wirklich schon alles hat. Denn wer spekulieren will, hat dafür viele andere schnellere Handlungsmöglichkeiten. Als Grundlage für die Spekulation ausgerechnet eine Lebensversicherung zu nehmen macht einfach keinen Sinn.

Nur das Pünktchen auf dem i.

Risikolebensversicherung

Von einer Risikolebensversicherung wird der Versicherte niemals profitieren. Denn Geld gibt es nur, wenn man während der Vertragslaufzeit stirbt. Dies ist auch der wichtigste Unterschied zur viel teureren Kapitallebensversicherung, wo es in jedem Fall Geld gibt (meistens zum 65. Lebensjahr). Die Risikolebensversicherung könnte man deshalb viel treffender umbenennen in Hinterbliebenenversicherung. Denn beim Tod des Hauptverdieners in der Familie kann die Versicherungsleistung ein wichtiger Beitrag zur Zukunftssicherung sein, z. B. für die Ausbildung der Kinder oder um vorhandene Schulden zurückzuzahlen (siehe auch Restschuldversicherung). *Mit dieser Vertragsart kann die Familie abgesichert werden.*

Wer jedoch allein oder in einer Doppelverdienerpartnerschaft lebt und keine Kinder hat, kann sich die Ausgaben für die Risikolebensversicherung sparen. Für den eigenen Vermögensaufbau ist sie in diesem Sinne nicht geeignet, allenfalls als private Altersvorsorge für die Familie.

Welcher Vertrag ist der richtige?

Die Höhe der Versicherungssumme muss auf die persönlichen Verhältnisse abgestimmt werden: Wie viel Geld ist nötig, um die Hinterbliebenen angemessen abzusichern? Für eine Familie mit Kindern wird eine Summe von 200.000,– DM schon als absolute Untergrenze anzusehen sein. Denn hier darf man sich nicht von hohen Summen beeindrucken lassen, sondern muss sich den Extremfall und die dann nötige Absicherung vorstellen: Wenn der 35-jährige Familienvater stirbt und eine Frau mit zwei Kleinkindern hinterlässt, ist mit einer einmaligen hohen Geldzahlung gar nichts gewonnen. Schließlich müssen die Kinder ausgebildet werden, also wären jahre- oder jahrzehntelange regelmäßige Zahlungen erforderlich. *Nur eine sehr hohe Versicherungssumme würde Sinn machen.*

Wer's ganz richtig machen will, der müsste die Versicherungssumme so gut verzinst anlegen, dass die Zinsen eine monatliche Rente ergeben, ohne den eigentlichen Versicherungsbetrag anzuknabbern. Wer auf diese Weise

2.000,– DM monatlich an Zinsen kassieren will, müsste (bei einem durchschnittlichen Zinssatz von acht Prozent) eine Versicherungssumme von 300.000,– DM vereinbaren. Wer 5.000,– DM als Monatsrente kassieren und zur Sicherheit von einer niedrigeren Verzinsung (sieben Prozent) ausgehen will, müsste eine Versicherungssumme von rund 850.000,– DM vereinbaren und anlegen.

Beitragsverrechnung vereinbaren

Die Abnahme der Prämie ist möglich.

Schon seit einigen Jahren gibt es die Möglichkeit, niedrigere Prämien zu zahlen, weil die zu erwartenden Überschüsse der Versicherung gleich bei der Prämienhöhe berücksichtigt werden. Die Versicherungssumme ist hier fest vereinbart, die niedrigeren Beiträge (gegenüber anderen Verrechnungsmodellen bzw. ohne Überschussberücksichtigung) bringen bis zu 50 Prozent Prämienersparnis und entlasten den Familienetat. Im Gegensatz dazu ist bei Vereinbarung eines Todesfallbonus die Versicherungssumme nicht garantiert, die Prämien sind nicht ganz so günstig wie bei der Beitragsverrechnung (und können zwischenzeitlich steigen).

Berufsunfähigkeit mitversichern

Wenn eine Risikolebensversicherung abgeschlossen wird, sollte sie unbedingt mit einer Berufsunfähigkeitsversicherung kombiniert werden. Dann gibt es nicht nur beim Tod des Versicherten, sondern auch bei Erwerbsunfähigkeit (z. B. durch eine Krankheit) Geld zur Absicherung der Familienzukunft. Dieser zusätzliche Schutz wird normalerweise nicht teurer, meistens sogar billiger als eine separate Berufsunfähigkeitsversicherung.

Restschuldversicherung

Hier handelt es sich um eine spezielle Form der Risikolebensversicherung, die ausschließlich zur Absicherung von Krediten dient. Fast unverzichtbar ist sie dann, wenn für den Kauf oder Bau von Haus oder Wohnung hohe Schulden eingegangen werden. Wenn der Hauptverdiener stirbt, bedeutet das

oft den finanziellen Ruin und den Verlust des Wohneigentums. Mit einer Restschuldversicherung aber können die Hinterbliebenen das Haus oder die Wohnung schuldenfrei übernehmen.
Natürlich wäre es ebenso möglich, eine bereits vorhandene Lebensversicherung zur Absicherung der Baudarlehen an die Geldinstitute abzutreten. Die Geldinstitute lassen sich darauf auch in den meisten Fällen ein. Für die Hinterbliebenen bedeutet das aber, dass es neben dem schuldenfreien Wohneigentum nach dem Tod des Hauptverdieners keine weiteren Finanzpolster und Sicherheiten gibt.

Die Absicherung von Krediten ist beim Bau eines Hauses notwendig.

Wichtig: Für den Schutz der Familie im Todesfall des Versicherten sollte die Restschuldversicherung deshalb immer zusätzlich zur normalen Risikolebensversicherung abgeschlossen werden, damit die Familie auch über das entschuldete Wohneigentum hinaus abgepolstert ist. Außerdem lässt sich diese doppelte Vorsorge für die Familie zu recht günstigen Beiträgen erkaufen.

Welcher Vertrag ist der richtige?

Damit die Schulden tatsächlich in voller Höhe abgedeckt werden, muss sich die Restschuldversicherung immer dem aktuellen Darlehensstand anpassen. Achten Sie vor allem darauf, dass keine lineare Kürzung der Versicherungssumme um einen bestimmten Prozentsatz für jedes Jahr der Laufzeit vereinbart wird. Denn eine solche gleichmäßige Reduzierung führt zwangsläufig in den ersten 15 Jahren zur Unterdeckung. Das liegt daran, dass der Schuldenstand bei den üblichen Annuitätendarlehen niemals linear (also jedes Jahr um den gleichen Prozentsatz) abnimmt. Durch die unterschiedlichen Anteile von Zinsen und Tilgung sinkt die Darlehensschuld in den ersten Jahren nur geringfügig, zum Ende der Darlehenslaufzeit dann aber rapide.
Unabhängig von der sinkenden Versicherungssumme werden die Beiträge zumindest im Normalfall über die gesamte Vertragslaufzeit auf gleichbleibendem Niveau angesetzt.

Einer linearen Kürzung nicht zustimmen.

Weil Überschussguthaben verrechnet werden, müssen in den letzten Jahren der Versicherungszeit (je nach Gesellschaft für 36 bis 120 Monate) keine Beiträge mehr gezahlt werden.

Private Rentenversicherung

Eventuell kann eine Kündigung äußerst verlustreich sein.

Dass die Rentenversicherung eine Schwester der Kapitallebensversicherung ist, zeigt sich auch beim Ausstieg. Bei Kündigung von Verträgen mit langer Laufzeit und vereinbarter Beitragsrückerstattung kann es nämlich passieren, dass man nicht das gesamte (aus Beiträgen und Gewinn- bzw. Überschussanteilen) angesammelte Kapital zurückbekommt, sondern nur die festgeschriebene Beitragsrückerstattung. Die darüber hinausgehenden Guthaben bleiben als Rentenanspruch ohne Beitragszahlung erhalten und werden erst zum vertraglichen Rentenbeginn ausgezahlt. Ist der Versicherte bis dahin verstorben, gibt es gar nichts. Denn die vereinbarte Beitragsrückerstattung hat ja bereits stattgefunden.

Eine relativ hohe, aber spekulative Rendite.

Genau betrachtet ist die private Rentenversicherung ein Mittelding zwischen Banksparplan (aber ohne die dort übliche hohe Zinsbesteuerung) und Lebensversicherung (aber ohne Risikoschutz). Wobei die Rentenversicherungen eine Rendite zwischen 7,5 und acht Prozent voraussagen, was natürlich nur spekulativ ist. Diese Rendite würde deutlich über den Renditen bei Kapitallebensversicherungen liegen und ist wegen der weitgehenden Steuerfreiheit (wenn bis zur ersten Rentenzahlung mindestens zwölf Jahre vergehen) vorteilhafter als jeder Banksparplan.

Welcher Vertrag ist der richtige?

Es gibt zwei Grundtypen von Verträgen: die Einmaleinzahlung und das Ansparmodell. Die Einmaleinzahlung eines Geldbetrages z. B. aus einer abgelaufenen Lebensversicherung oder einem Sparvertrag sichert dem Kunden eine je nach Einzahlungsbetrag unterschiedlich hohe lebenslange monatliche Rente. Wer heute auf einen Schlag 100.000,– DM in einen solchen Vertrag zahlt, kann mit monatlich etwa 1.000,– DM als Rentenzahlung rechnen. Dieser

Betrag setzt sich aus der Verzinsung des eingezahlten Kapitals und dessen allmählichem Verzehr zusammen. Solche Verträge können jederzeit, auch kurz vor dem Ruhestand noch abgeschlossen werden – wenn das Einzahlungskapital vorhanden ist.

Das Ansparmodell eignet sich nur für junge Leute, weil die monatlich aufzubringenden Beträge umso niedriger sind, je früher die Versicherung abgeschlossen wird. Wer heute mit 30 Jahren einen solchen Vertrag abschließt und monatlich 150,– DM einzahlt, kann ab seinem 65. Lebensjahr mit einer monatlichen Rente zwischen 1.300,– und 1.700,– DM rechnen. Sinnvoll ist es, bei diesem Versicherungstyp ein Wahlrecht zwischen monatlicher Rentenzahlung und Einmalauszahlung des gesamten Betrages zu verlangen. Schließlich weiß man nicht, welche Pläne man in 20 oder 30 Jahren hat.

Attraktives Sparen für junge Menschen.

Beitragsrückzahlung oder Rentengarantie vereinbaren
Grundsätzlich sollte im Vertrag vereinbart werden, dass bei einem Tod des Versicherten in der Ansparphase die bis dahin angesammelten Beiträge an die Hinterbliebenen zurückerstattet werden. Diese Vereinbarung der Beitragsrückerstattung führt zwar zu einer geringeren Rente. Aber: Wird auf diesen Passus verzichtet, behält die Versicherung das Geld – im Todesfall gibt es keinen Pfennig für die Erben. Als Alternative dazu kann zugunsten der Hinterbliebenen eine Rentengarantie (für maximal 20 Jahre) vereinbart werden.

Vertragsrechte für den Todesfall des Versicherten.

VERMÖGEN BILDEN MIT INVESTMENT-FONDS

Die erste Million ist die schwerste, doch mit Investmentfonds ist es zu schaffen. Mit einer Investition in einen Investmentfonds wird man Anteilseigner eines Fonds, der vom Geld der Anleger Aktien, Wertpapiere oder Immobilien kauft und dessen Manager versuchen, damit möglichst hohe Renditen herauszuholen. Wer rechtzeitig anfängt, einen guten Fonds, der eine durchschnittliche Rendite von zehn Prozent pro Jahr schafft, 505,– DM im Monat in diesen Fonds über 30 Jahre einzahlt, ist Millionär. Doch Fondssparpläne sind auch für Menschen mit weniger Geld ein bequemer Weg zum Vermögen und eine gute Altersvorsorge.

Fondssparpläne sind eine gute Altersvorsorge. Ein Anleger kann jederzeit mit dem Fondssparen beginnen. Er wählt einen guten Investmentfonds und entscheidet sich für eine Bank oder eine Fondsgesellschaft, die das Geschäft für ihn abwickelt. Anschließend fließen Monat für Monat zum Beispiel 100,– DM von seinem Girokonto in den Fonds. Bei so einem Fondssparplan muss man sich um die Geldanlage nicht mehr weiter kümmern, alles geht automatisch und per Dauerauftrag. Es genügt, sich in größeren Abständen, z. B. einmal jährlich, ein Bild von der Performance des Fonds zu machen, also den Erfolg der Fondsmanager zu kontrollieren.

Der Anleger hat keine Einflussmöglichkeit. Es gibt allerdings auch einige Nachteile bei einer Fondsanlage: Der Anleger hat keinen direkten Einfluss darauf, in welche einzelnen Papiere sein Geld investiert wird. Er kann zwar durch die Wahl des Fonds entscheiden, ob z. B. deutsche oder andere Aktien und welche Branchen bevorzugt werden sollen. Aber letztlich entscheidet nicht er, sondern das Fondsmanagement darüber, was ge- oder verkauft wird und welchen Erfolg die Anlagen bringen.

Der Anleger zahlt immer einen Ausgabeaufschlag, das so genannte Agio. Würde er einen Fondsanteil kaufen und am nächsten Tag wieder verkaufen, hätte er – keine Kursbewegung vorausgesetzt – einen Verlust in Höhe von etwa 2,5 bis über sieben Prozent zu tragen, nämlich den Ausgabeaufschlag auf den Verkaufspreis. Zusätzlich sind außerdem unterschiedlich hohe Verwaltungs- oder Depotgebühren fällig. Weiterer Nachteil bei allen Fonds: Es können auch Kursverluste auftreten. Deshalb sind Fonds nur empfehlenswert, wenn man das Geld wirklich für einen langen Zeitraum anlegen will, innerhalb dessen sich Kursverluste und Gewinne wieder ausgleichen. Der Vermögensaufbau mit Fonds sollte also langfristig geschehen.

Je nachdem, was die Fondsgesellschaften vom Geld der Anleger kaufen, handelt es sich um

- Aktienfonds,
- Rentenfonds (festverzinsliche, also verrentete Wertpapiere) oder
- Immobilienfonds.

Dazu gibt es gemischte Fonds – sie enthalten sowohl Aktien-, Renten- als auch Immobilienfonds. Dabei ist jeder Fonds anders gewichtet, welcher Anlageschwerpunkt jeweils gewählt wird, ist einem zum jeweiligen Fonds gehörigen Prospekt zu entnehmen. Mit der Auswahl des Fonds entscheidet sich der Anleger auch für eine bestimmte Vermögensstruktur und für Anlagegrundsätze, die aus den jeweiligen Prospekten zum Fonds klar hervorgehen müssen.

Informationen sollten präzise und klar sein.

Beispiel:
Internationale Aktienfonds sind gemäß ihrer Prospekte verpflichtet, 80 bis 100 Prozent der Anlegergelder weltweit in Wertpapiere zu investieren. Ein Teil des Kapitals wird immer mal wieder auch anders angelegt (z. B. in festverzinste Wertpapiere) und quasi geparkt, damit die Fondsmanager liquide für neue Engagements sind. In vielen Fällen ist aus dem Prospekt auch erkennbar, welche Anteile bestimmte Aktienmärkte innerhalb der Vermögensstruktur einnehmen sollen. Da kann z. B. festgeschrieben sein, dass mindestens 20 oder 25 Prozent des Fondsvermögens in deutsche Aktien investiert werden oder dass der Fonds sich nicht in Schwellenländern engagiert (wegen größeren Risikos).

Der Einsteiger sollte sich bei seiner Entscheidung für einen Fonds nicht nur anhand des Wertzuwachses orientieren, sondern sich ausführlich beraten lassen, die Anlagepolitik des Fonds prüfen. So muss er etwa bei internationalen Aktienfonds auch Währungsrisiken einkalkulieren.

Kursverluste sind nicht ausgeschlossen.

Auf bestimmte Branchen ausgerichtete Fonds können (z. B. durch Verbesserung oder Verschlechterung der Exportchancen für die jeweilige Branche) ganz andere Wertentwicklungen aufzeigen als ein Gesamtindex.

AKTIENFONDS

Mit der Anlage in Investmentfonds wird Risiko gestreut, bei einem reinen Aktienfonds ist das Risiko höher. Andererseits sind Aktienfonds im Vergleich zu der Spekulation an der Börse und den Kursschwankungen bei gezeichneten Aktien für viele Anleger attraktiver.

Doch auch bei einer Anlage in Aktienfonds ist nicht auszuschließen, dass der Wert des Vermögens manchmal unter die Summe der eingezahlten Beiträge rutscht. Weil allerdings den Schwächephasen an der Börse immer starke Aufschwünge gefolgt sind, bieten Aktienfonds auf lange Sicht beste Chancen auf eine Rendite von im Schnitt zehn Prozent pro Jahr. Wer Verlustrisiken weitestgehend ausschließen möchte, sollte mindestens zehn Jahre lang in den Sparplan einzahlen. Je länger eingezahlt wird, desto besser.

Es gibt gute internationale, europäische und deutsche Aktienfonds. Je stabiler die Wertentwicklung eines Fonds, desto weniger schwankte das Anlageergebnis in der Vergangenheit. Bei der Anlage sollte man darauf achten, dass alle Dividendenerträge des Fonds automatisch zum Kauf weiterer Anteile verwendet werden. Eine andere Möglichkeit: Man wählt gleich einen so genannten thesaurierenden Fonds, dann profitiert man automatisch vom Zinseszinseffekt.

Der Sparplan sollte sofort losgehen, wenn der Fonds gewählt wurde. Schließlich wird das Vermögen erst allmählich aufgebaut. Die Kosten können sich im Verlauf des Sparplans ändern, wenn der Ausgabeaufschlag für den Fonds variiert. Wird er erhöht, sollte geprüft werden, ob man mit einem anderen Fonds günstiger fährt. Der alte Sparplan kann dann auf Eis gelegt und mit dem neuen begonnen werden.

Lange Laufzeiten bei Fonds erhöhen die Sicherheit.

Mit den Zinsen weitere Fondsanteile erwerben.

> **Wichtig:** Das Sparziel, beispielsweise 100.000,– DM, muss in einem realistischen Verhältnis zu der monatlichen Sparrate stehen und mit den wahrscheinlichen Renditen zwischen acht und zwölf Prozent erreichbar sein.

Europäische Aktienfonds waren in den vergangenen fünf Jahren eine Goldgrube: Zwischen 14,1 und 38,3 Prozent legten diese Fonds zu. Doch nicht jeder Fonds ist für jeden Anleger geeignet. Grund: Während dem einen der Kursgewinn des Fonds zu mickrig ist, rauben dem anderen beim selben Fonds heftige Kursschwankungen den Schlaf. Dabei gelten Fonds, deren Manager sehr marktnah anlegen, als risikoärmer als Fonds mit Sonderkonzepten, denn marktnahe Fonds orientieren sich weitgehend am Index und investieren hauptsächlich in große Aktientitel, die auch bei Marktturbulenzen meist weniger stark schwanken. Das macht sie gerade für ungeübte Anleger interessant, die langfristig sparen und den Börsenmarkt nur oberflächlich beobachten wollen.

Marktnahe Fonds sind risikoärmer.

Profis schrecken Fonds mit hohen fondsspezifischen Schwankungen nicht ab. Ihre Fondsmanager setzen auf Trends. Allerdings bergen Nebenwerte neben höheren Gewinnchancen auch größere Risiken, denn die Aktienkurse der kleinen und vielfach sehr jungen Unternehmen entwickeln sich schwungvoller auf-, aber eben auch abwärts.

Wichtig für Einsteiger: Sie sollten nur in einen Aktienfonds anlegen, wenn Sie langfristig, das heißt etwa zehn Jahre, sparen wollen. Dabei ist es besonders wichtig, dass Sie beim Ausstieg flexibel sind und das Geld nicht gerade dann benötigen, wenn die Kurse abgerutscht sind. Suchen Sie nach einem Standardfonds, der nur gering vom Markt abweicht. Setzen Sie nicht auf Sonderkonzepte. Standardfonds mit geringem Marktrisiko haben ein gutes Risiko-Chance-Profil im Verhältnis zum Index. Wenn Sie dagegen einen aktiv gemanagten Fonds mit individueller Managementleistung suchen, wählen Sie den Spitzenfonds der Standardfonds. Sie müssen damit rechnen, dass der Fondsmanager auch in kleine Aktienwerte und in Werte des Neuen Marktes investiert.

Zehn Jahre ist eine normale Sparphase.

Sparer können auch die vermögenswirksamen Leistungen ihres Arbeitgebers in einen Aktienfonds anlegen.

Direktbanken bieten Fonds oft mit einem Rabatt auf die Kaufgebühr (den Ausgabeaufschlag) an. So wird ein richtiges Schnäppchen daraus. Das gilt umso mehr, wenn die Direktbank das Sparplankonto dann noch kostenlos führt.

Standardaktienfonds

investieren vorzugsweise in die Standardwerte oder Blue Chips, in Deutschland, also z. B. werden Aktien vorzugsweise in DAX-Werte bzw. die 100 wichtigsten Werte der Deutschen Börse (M-DAX) investiert.

Spezialaktienfonds

konzentrieren sich bei ihrer Anlagepolitik immer auf ganz bestimmte Marktsegmente, betreiben also bereits eine sehr genau gezielte Anlagepolitik. Unterschieden wird hierbei insbesondere nach

- Aktienindexfonds, die mit der Anlagestruktur einen bestimmten Index (DAX, Dow Jones usw.) nachzubilden versuchen.

Gezielte Anlagepolitik mit Spezialfonds betreiben.

- Branchenfonds, bei denen nur in die Werte bestimmter Industriezweige investiert wird, ebenso könnte eine Ausrichtung nur auf bestimmte Wirtschaftssektoren (Energie, Kommunikation, Chemie) erfolgen.

- Small-Cap-Fonds, die sich auf die Werte kleiner oder mittlerer Unternehmen konzentrieren, also quasi ein Gegengewicht zu den Standard- oder Indexfonds bilden.

Aktienfonds im Vergleich

Die folgenden Übersichten wurden nach Unterlagen des Bundesverbandes Deutscher Investmentgesellschaften (BVI) zusammengestellt, der Wertzuwachs wurde nach der BVI-Methode (Wiederanlage aller Erträge) ermittelt. Um auch jüngere Fonds zu berücksichtigen, wurde bei spezialisierten Anlageschwerpunkten der Wertzuwachs auch für kürzere Zeiträume ermittelt, obwohl wir eine Anlage für den Zeitraum von z. B. nur drei Jahren für nicht sinnvoll halten.

Aktienfonds mit Anlageschwerpunkt Deutschland

Ermittelt nach dem höchsten Wertzuwachs in den letzten 20 Jahren (bis 31. Dezember 1999). **Fett gedruckte Fonds** lagen außerdem mit ihrem Ergebnis des letzten Jahres über dem Wertzuwachs des DAX von 39 Prozent.

Name des Fonds	Investment-gesellschaft	Wertzuwachs in % 10 Jahre	20 Jahre	Infos unter Telefon
Investa	DWS	352,2	1880,1	0 69/7 19 09-0
SMH-Special-UBS-Fonds I	UBS INVEST	249,1	1802,7	0 69/13 69 50 00
FT Frankfurt-Effekten-Fonds	FRANKFURT-TRUST	221,0	1574,0	0 69/9 20 50-0
Concentra	DIT	251,3	1518,7	0 69/2 63 14-0
Adifonds	**ADIG**	**271,2**	**1451,2**	**0 89/4 62 68-0**
DekaFonds	**DEKA**	**249,5**	**1335,3**	**0 69/25 46-0**
UniFonds	UNION	225,8	1277,7	0 69/25 67-0
Thesaurus	DIT	203,7	1255,9	0 69/2 63 14-0
MK Alfakapital	MK	239,4	1091,4	0 89/5 14 92-0
DIT-Fonds für Vermögens-bildung	DIT	205,8	1087,5	0 69/2 63 14-0
Fondak	ADIG	165,0	1005,6	0 89/4 62 68-0
Hauck-Main-Universal-Fonds	UNIVERSAL	198,7	988,0	0 69/75 61 91-0
Oppenheim Select	**OPPENHEIM**	**249,8**	**971,9**	**02 21/1 45-03**
Ring-Aktienfonds DWS	DWS	285,2	971,7	0 69/7 19 09-0
NORIS	**DEAM**	**210,0**	**957,7**	**0 69/7 17 06-0**

Aktienfonds mit Anlageschwerpunkt International

Ermittelt nach dem höchsten Wertzuwachs in den letzten 20 Jahren (bis 31. Dezember 1999)

Name des Fonds	Investment-gesellschaft	Wertzuwachs in % 10 Jahre	20 Jahre	Infos unter Telefon
Dt. Vermögensbildungs-fonds I	DVG	472,4	2284,9	0 69/72 09 21
Dt. Vermögensbildungs-fonds A	DVG	346,9	1743,4	0 69/72 09 21
Akkumula	DWS	238,9	1637,8	0 69/7 19 09-0
FT Interspezial	FRANKFURT-TRUST	251,8	1415,9	0 69/9 20 50-0

Name des Fonds	Investment-gesellschaft	Wertzuwachs in % 10 Jahre	20 Jahre	Infos unter Telefon
Intervest	DWS	326,3	1398,2	0 69/7 19 09-0
Kapitalfonds Spezial	GERLING INVESTMENT	313,8	1398,2	02 21/14 4-30 00
SMH-International-UBS-Fonds	UBS INVEST	289,6	1340,9	0 69/13 69 50 00
Fondis	ADIG	175,5	1242,9	0 89/4 62 68-0
Gerling Dynamik Fonds	GERLING INVESTMENT	251,7	1191,1	02 21/1 44-30 00
Interglobal	DIT	271,2	1135,1	0 69/2 63 14-0
ivera fonds	GERLING INVESTMENT	261,6	1114,9	02 21/1 44-30 00
BHF Trust Portfolio FT	FRANKFURT-TRUST	185,2	1038,4	0 69/9 20 50-0
BW-Wartberg-Universal-Fonds	UNIVERSAL	218,9	942,0	0 69/75 61 91-0

Aktienfonds mit Anlageschwerpunkt Europa

Ermittelt nach dem höchsten Wertzuwachs in den letzten fünf Jahren (bis 31. Dezember 1999)

Name des Fonds	Investment-gesellschaft	Wertzuwachs in % 3 Jahre	5 Jahre	Infos unter Telefon
DWS Europäische Aktien Typ O	DWS	134,8	320,2	0 69/7 19 09-0
Arideka	DEKA	181,1	285,7	0 69/25 46-0
INDUSTRIA	DIT	150,4	270,8	0 69/2 63 14-0
VERMÖGENS-AUFBAU-FONDS	DIT	146,8	265,7	0 69/2 63 14-0
MK EUROAKTIV	MK	116,4	216,2	0 89/5 14 92-0
DEVK-Sparda-Aktien-CS	CSAM KAG	108,4	213,9	0 69/75 38-18 00
UniEuropa	UNION S.A.	122,8	213,1	0 03 52/4 59 86 61
EUROVESTA	DWS	121,5	209,0	0 69/7 19 09-0
BB-Europa Invest	BB INVEST	133,4	207,8	0 30/88 00 00-0
FONDIROPA	ADIG	123,4	205,8	0 89/4 62 68-0
BfG Invest Europafonds	BFG INVEST	136,2	203,0	0 69/9 50 23-0

Aktienfonds mit Anlageschwerpunkt Europa

Ermittelt nach dem höchsten Wertzuwachs in den letzten fünf Jahren
(bis 31. Dezember 1999)

Name des Fonds	Investment-gesellschaft	Wertzuwachs in % 3 Jahre	5 Jahre	Infos unter Telefon
FT Europa Dynamik Fonds	FRANKFURT TRUST	123,0	199,8	0 69/9 20 50-0
SchmidtBank Euro-Aktien FI	FRANKEN INVEST	155,1	194,4	09 11/24 70-1 00
Santander europäische Aktien OP	OPPENHEIM	110,4	191,4	0 69/71 24-11 50

Aktienfonds mit Anlageschwerpunkt Nordamerika

Ermittelt nach dem höchsten Wertzuwachs in den letzten fünf Jahren
(bis 31. Dezember 1999)

Name des Fonds	Investment-gesellschaft	Wertzuwachs in % 3 Jahre	5 Jahre	Infos unter Telefon
FONDSAMERIKA	ADIG	179,4	441,9	0 89/4 62 68-0
DWS US Aktien Typ O	DWS	176,5	410,2	0 69/7 19 09-0
MMWI-Amerak-Fonds	MMWI	223,4	408,1	0 69/97 14 10-0
DWS Nordamerika	DWS	182,8	311,0	0 69/7 19 09-0
UniNordamerika	UNION	146,2	296,9	0 69/25 67-0
INVESCO Nordamerika Aktienfonds	INVESCO	133,7	281,2	0 69/2 98 07-2 50
DVG-Fonds USA	DVG	117,4	277,5	01 80/3 11 12 13

Aktienfonds mit Anlageschwerpunkt Branchen

Ermittelt nach dem höchsten Wertzuwachs in den letzten fünf Jahren
(bis 31. Dezember 1999)

Name des Fonds	Investment-gesellschaft	Wertzuwachs in % 3 Jahre	5 Jahre	Infos unter Telefon
DIT-TECHNOLOGIEFONDS	DIT	312,0	543,7	0 69/2 63 14-0
DWS-Telemedia	DWS	389,8	503,9	0 69/7 19 09-0
DWS-Technologiefonds	DWS	254,4	423,5	0 69/7 19 09-0
ADITEC	ADIG	275,1	423,3	0 89/4 62 68-0
PHARMA/WHEALTH	OPPENHEIM LUX	103,8	263,1	0 03 52/2 21 52 21
Delbrück Special Union-Fonds	UNION	193,0	223,2	0 69/25 67-0

RENTENFONDS

Achten Sie auf eine langfristige Wertsteigerung.

Dieselben Fondsgesellschaften, die Aktienfonds auflegen, bieten den Anlegern auch Rentenfonds an.

Die Auswahl des Fonds sollte dabei unter ähnlichen Gesichtspunkten erfolgen wie bei den Aktienfonds. Nicht der kurzfristige Erfolg zählt also, sondern die wirklich langfristige Wertentwicklung.

Auch kann mit Rentenfonds ganz gezielt eine bestimmte Strategie verfolgt werden, beispielsweise ausschließlich der Kauf deutscher Wertpapiere oder nur der Kauf europäischer oder nur amerikanischer Wertpapiere.

Rentenfonds mit deutschen Wertpapieren

Ermittelt nach dem höchsten Wertzuwachs in den letzten 20 Jahren (bis 31. Dezember 1999).

Name des Fonds	Investment-gesellschaft	Wertzuwachs in % 10 Jahre	Wertzuwachs in % 20 Jahre	Infos unter Telefon
Gerling Rendite Fonds	GERLING INVESTMENT	99,1	342,0	02 21/1 44-30 00
Berenberg-Univ.-Rentenfonds	UNIVERSAL	82,8	336,0	0 69/75 61 91-0
Adirenta	ADIG	96,0	330,9	0 89/4 62 68-0
Oppenheim Priva-Rent	OPPENHEIM	97,1	319,7	02 21/1 45-03
NORIS RENDITE-FONDS	DEAM	106,2	318,0	0 69/7 17 06-0
Oppenheim Spezial I	OPPENHEIM	73,4	317,9	02 21/1 45-03
Deutscher Rentenfonds	DIT	106,5	315,9	0 69/2 63 14-0
BW-Renta-Universal-Fonds	UNIVERSAL	112,5	314,0	0 69/75 61 91-0
FT Interzins	FRANKFURT TRUST	91,0	313,8	0 69/9 20 50-0
RenditDeka	DEKA	95,3	308,2	0 69/25 46-0
MK RENTAK Fonds	MK	95,2	306,4	0 89/5 14 92-0
INKA-Rent	INKA	90,7	293,9	02 11/1 35 27 80
AC Renten-Inland	AXA COLONIA	94,6	291,9	0 18 02/81 58 15
HANSArenta	HANSAINVEST	94,4	286,3	0 40/3 00 57-0
MMWI – ORDO – RENTENFONDS	MMWI	88,4	278,6	0 69/97 14 10-0
Oppenheim Inland-Rent	OPPENHEIM	75,8	232,0	02 21/1 45-03

96

Rentenfonds mit internationalen Wertpapieren

Ermittelt nach dem höchsten Wertzuwachs in den letzten 20 Jahren
(bis 31. Dezember 1999).

Name des Fonds	Investment-gesellschaft	Wertzuwachs in % 10 Jahre	20 Jahre	Infos unter Telefon
Internationaler Rentenfonds	DIT	122,6	521,9	0 69/2 63 14-0
Inter-Renta	DWS	120,0	455,2	0 69/7 19 09-0
Re-Inrenta	DWS	136,3	433,3	0 69/7 19 09-0
Nordrenta International	NORDINVEST	106,1	429,9	0 40/37 47 73-0
UniRenta	UNION	123,6	407,6	0 69/25 67-0
DekaRent-International	DEKA	115,4	376,6	0 69/25 46-0
VERMÖGENS-ERTRAG-FONDS	DIT	109,2	363,9	0 69/2 63 14-0

IMMOBILIENFONDS

Bei Immobilienfonds kann man mit jedem beliebigen Geld-
betrag am Immobiliengeschäft teilhaben. Die Anteilscheine
gibt es – je nach Fonds – schon zu Preisen unter 100,– DM.
Immobilienfonds sind eine besondere Form von Investmentfonds. Sie sind eine interessante Möglichkeit für diejenigen,
die entweder (noch) zu wenig Geld zum Bauen haben oder
richtig viel Geld haben, aber schon mit Wohneigentum und
Anlageimmobilien versorgt sind. Unterschieden wird hier
zwischen offenen und geschlossenen Immobilienfonds.

Offene Immobilienfonds

Offene Immobilienfonds ermöglichen den Einstieg mit kleinen Beträgen. Der Fondsanleger bleibt trotz der Immobilien-
anlage jederzeit mobil. Er kann die Anteile täglich kaufen
und verkaufen, deshalb auch die Bezeichnung »offen«. Die
Wertsteigerung dieser Fonds ist allerdings nicht besonders
hoch: Nach einer Untersuchung von *Finanztest* stieg der
Wert der Fondsvermögen in den vergangenen zehn Jahren
zwischen 6,3 und 6,9 Prozent pro Jahr, in den vergangenen
drei Jahren nur noch zwischen 3,7 und 5,5 Prozent. Immerhin: Anleger mussten bei diesen Fonds nie einen Verlust

Bei offenen
Immobilien-
fonds kann
jederzeit ver-
kauft werden.

befürchten. Die Gesellschaften investieren bevorzugt in Millionenobjekte in Spitzenlagen, die für einzelne Anleger unerschwinglich wären.

Von Gewerbeobjekten wie Büros, Einkaufszentren oder Hotels verspricht sich die Branche eine höhere Rendite und legt deshalb selten in Wohnimmobilien an.

Die Wertentwicklung ist aber nicht ausschließlich vom Immobilienbestand abhängig, denn viele Fondsgesellschaften legen mehr als ein Drittel der Fondsgelder in Zinspapieren an. Ein Grund ist, dass Anleger ihre Fondsanteile täglich verkaufen können. Deshalb müssen die Gesellschaften flüssig bleiben. Sie halten viel Geld auf verzinsten Bankkonten bereit, da sie die Immobilien natürlich nicht von einem Tag auf den anderen verkaufen können. Das Ergebnis der Fonds setzt sich also aus der Wertentwicklung der Immobilien und den Erträgen verzinster Anlagen zusammen.

Die Zinsentwicklung kann sich negativ auf den Fonds auswirken.

Tipp: Wählen Sie einen Fonds mit hohem Immobilienanteil und einem geringen Anteil verzinster Anlagen. So vermeiden Sie Zinsrisiken. Außerdem sollte ein Großteil der Mietverträge länger als drei Jahre laufen. Enden die Verträge bald, dann taucht das Problem der Wiedervermietung auf. Bevorzugen Sie Fonds, die viele Immobilien außerhalb Europas besitzen.

In den vergangenen fünf Jahren waren die Chancen auf eine höhere Rendite damit größer. Achten Sie auf niedrige Kaufkosten, denn offene Immobilienfonds sind durch hohe Ausgabeaufschläge und hohe laufende Kosten teuer. Es dauert lange, bis der Fonds diese Kosten wieder hereingeholt hat. Beim Ausgabeaufschlag können Sie manchmal sparen, wenn Sie sich an Direktbanken wenden. Wenn Sie Ihren Freibetrag für Kapitaleinkünfte in Höhe von 3.100,– DM bereits ausgeschöpft haben, sind offene Immobilienfonds nicht zu empfehlen. Zwischen 40 und 80 Prozent der Erträge sind steuerpflichtig. Aktienfonds sind steuerlich günstiger.

Offene Immobilienfonds sind geeignet zur mittelfristigen Anlage ab fünf Jahren und zum Schutz bereits angesparter Vermögen vor Kursverlusten. Ihr Vorteil liegt darin, dass der Anleger keinen Verlust befürchten muss und seine Fondsanteile täglich verkaufen kann. Geringe Renditen im Vergleich zu anderen Anlageformen, undurchsichtige Wertentwicklung und hohe Kosten sind ein wesentlicher Nachteil.

Einkünfte aus offenen Immobilienfonds sind steuerpflichtig.

Wertentwicklung von offenen Immobilienfonds

Jahresangaben bezogen auf den 31. Dezember 1999, ausgehend jeweils vom 31. Dezember 1989 bzw. vom 31. Dezember 1979. Berechnungsmethode des Bundesverbandes deutscher Investmentgesellschaften e.V. – Wiederanlage der jährlichen Ausschüttungen zum jeweiligen Anteilwert, Reihenfolge nach Ergebnis in 20 Jahren.

Name des Fonds	Anlagegesellschaft	Wertzuwachs in % 10 Jahre	20 Jahre	Infos unter Telefon
HAUSINVEST	Commerz Grundbesitz-Investmentgesellschaft mbH	89,0	272,7	06 11/71 05-01
GRUNDWERT-FONDS	Deutsche Gesellschaft für Immobilienfonds mbH	86,8	270,8	0 69/9 75 64-0
grundbesitzinvest	Deutsche Grundbesitz-Investmentgesellschaft mbH	84,7	261,6	0 69/7 17 04-04
DespaFonds	Deutsche Sparkassen-Immobilien-Anlage-Gesellschaft mbH	89,6	261,4	0 69/71 47-0
DIFA-Fonds Nr. 1	Deutsche Immobilien Fonds AG	88,8	244,1	0 40/3 49 19-0
iii-Fonds Nr. 1	Internationales Immobilien-Institut	81,9	233,5	0 89/1 21 73-0
iii-Fonds Nr. 2	Internationales Immobilien-Institut	84,7	230,6	0 89/1 21 73-0

Geschlossene Immobilienfonds

Der attraktive Vorteil der geschlossenen Immobilienfonds war in der Vergangenheit die große Steuersparmöglichkeit. Doch damit ist jetzt Schluss, Verluste aus diesen Beteiligungen dürfen nicht mehr mit anderen Einkünften verrechnet werden. Nur noch bis Ende des Jahres 2000 können Anleger sich an Fondsgesellschaften beteiligen, welche die alten

Keine Verlustzuweisungsgesellschaften mehr.

Steuervorteile konserviert haben. Die neue Besteuerung so genannter Verlustzuweisungsgesellschaften trifft die Branche hart, der eigentliche Anreiz geht für die Kapitalanleger dadurch verloren. Denn über den Steuervorteil hinaus bieten geschlossene Immobilienfonds wenig Vorteile. Im Gegensatz zu den offenen Immobilienfonds handelt es sich bei den geschlossenen Fonds oft nur um ein einziges Projekt. Somit ist das Risiko, dass beispielsweise die Rechnung mit den Baukosten und den Mieteinnahmen nicht aufgeht, bei einem geschlossenen um ein Vielfaches höher als bei den offenen Fonds, zu deren Grundvermögen manchmal 100 Objekte gehören. Die Beteiligung an einem geschlossenen Immobilienfonds ist immer eine langfristige Anlage, die Sie weder schnell veräußern können noch dürfen. Darüber hinaus werden geschlossene

Geschlossene Immobilienfonds beziehen sich auf nur ein Immobilienobjekt.

Tipp: Achten Sie darauf, dass die Immobilien möglichst vollständig und für mindestens zehn Jahre an solvente Mieter vermietet sind. Legen Sie in einen geschlossenen Immobilienfonds ausschließlich Geld an, das Sie in den nächsten 20 Jahren mit Sicherheit nicht brauchen. Ein vorzeitiger Ausstieg ist meist nicht oder nur mit Verlust möglich. Da weder die Fondsgesellschaften noch deren Initiatoren von einer staatlichen Behörde überwacht werden, sollten erfahrene Anbieter mit einwandfreiem Ruf und positiver Leistungsbilanz bevorzugt werden.
Liegt die anfängliche Nettomietrendite deutlich unter fünf Prozent, ist der Fonds meist unrentabel. Den Fondsanteil sollten Sie in der Regel aus eigenen Mitteln zahlen. Eine Kreditfinanzierung erhöht das ohnehin schon vorhandene Risiko beträchtlich. Vorsichtige Anleger sollten außerdem Fonds meiden, die mehr als 50 bis 60 Prozent der Investitionssumme auf Kredit finanzieren.
Für Anleger, die ihren Sparerfreibetrag nicht ausgeschöpft haben, ist ein geschlossener Immobilienfonds weniger rentabel als eine Festzinsanlage.

Immobilienfonds nicht von staatlicher Seite geprüft, das Bundesaufsichtsamt ist dafür nicht zuständig. So ist bei geschlossenen Immobilienfonds alles möglich: vom Totalverlust bis hin zu riesigen Gewinnen. Deshalb sollte sich niemand nur mit Blick auf die Steuerersparnis an einem geschlossenen Fonds beteiligen. Wichtiger für den Anlageerfolg sind Lage, Bauqualität und die Mieten, die auf Dauer erzielt werden können. Ein vorzeitiger Ausstieg ist meist nicht oder nur mit Verlust möglich.

Das Risiko bei geschlossenen Immobilienfonds kann sehr hoch sein.

DIE WELT DER FONDS

Neben den Aktien-, Renten- und Immobilienfonds gibt es noch weitere Fondsmöglichkeiten, die wir Ihnen nachfolgend in ihren Grundzügen vorstellen möchten.

Aktienlaufzeitfonds

Ein Garantiefonds ist der Aktienlaufzeitfonds nicht – den gibt es nach wie vor nur in Luxemburg. So kann also auch bei diesem Fonds dem Anleger das eingesetzte Kapitel zum Laufzeitende nur in Aussicht gestellt und nicht garantiert werden. Wichtige Neuerung: Bei diesem Fonds wird die Laufzeit bereits beim Kauf festgelegt. Die Optionen sind maßgeschneidert, das Fondsvermögen ist abgesichert. Die Renditechancen sind dadurch allerdings gesenkt.

Sinkende Renditechancen.

Dachfonds

Dachfonds sind Investmentfonds, die in andere Fonds investieren. Ihr richtiger Name lautet Investmentfondsanteil-Sondervermögen. Die Manager mischen je nach Anlagestrategie Aktien-, Renten-, Immobilien- oder Geldmarktfonds.
Dachfonds bilden ein Standardprodukt zur Vermögensverwaltung und sind geeignet für Anleger, die bequem und langfristig sparen wollen. Strenge gesetzliche Auflagen, breite Risikostreuung, geringe Mindestanlagen sind die Vorteile dieser Fonds. Nachteile: oft höhere Kosten als beim direkten Kauf einzelner Fonds. Anleger sollten deshalb darauf achten,

welche einmaligen Kosten (Ausgabeaufschläge) und welche laufenden (Verwaltungsgebühren) anfallen.

Bei Dachfonds wird in andere Fonds investiert.

Orientiert an der unterschiedlichen Risikobereitschaft der Anleger, bieten Banken, Versicherungen und Fondsgesellschaften meist drei bis vier verschiedene Dachfonds. Die meisten Dachfonds investieren derzeit aber nur in Zielfonds der Muttergesellschaft. Unterschieden wird zwischen sicherheitsorientierten und risikobereiten Anlegern. Je nach Risikograd variiert der Aktienfondsanteil.

Geschlossene Wertpapierfonds

Bei den geschlossenen Wertpapierfonds kann der Fondsmanager langfristig investieren. Bei den offenen Fonds geht das nicht, denn dort ist er verpflichtet, die Fondsanteile jederzeit vom Anleger zurückzukaufen. So ist er bei den geschlossenen Fonds davon befreit, die fortlaufenden Rückflüsse in seine Kalkulationen mit einzubeziehen. Ausnahme: In den USA werden die Papiere zu jeder Zeit gehandelt, denn hier werden geschlossene Wertpapierfonds als Aktien notiert. Geschieht das auch in Deutschland, gilt dieselbe Sachlage.

Kein Anlegen in Zinspapiere für den Fondsmanager nötig.

Indexfonds und -zertifikate

Auch Indexfonds werden mit dem dritten Finanzmarktförderungsgesetz offiziell als eigene Fondsgattung zugelassen. Dabei wird das Vermögen von Indexfonds so gestaltet, dass die Zusammensetzung des Depots einen bestimmten Index genau nachbildet. Wird ein Fonds beispielsweise dem DAX 100 nachgebildet, so partizipiert der Anleger an der Entwicklung der 100 Standardwerte.

Eine neue Form des Indexprodukts sind die so genannten Indexzertifikate. Das sind Schuldverschreibungen einer Bank, auf die der Anleger jedoch keine Zinszahlungen, sondern seine Anleihe am Fälligkeitstag zu dem entsprechenden Indexstand zurückgezahlt bekommt. Sie erfreuen sich bei Banken und Brokerhäusern steigender Beliebtheit. Der Anleger ist dadurch an der Wertentwicklung der in dem jeweiligen Index enthaltenen Aktien beteiligt.

Indexzertifikate besitzen im Vergleich zu den Indexfonds auf den ersten Blick deutliche Kostenvorteile. Denn bei den Zertifikaten entfallen z. B. laufende Verwaltungskosten. Wer allerdings noch Spielraum in seinem Freibetrag hat, kann mit einem Indexfonds oft mehr erreichen.
Ein weiterer Vorteil von Indexfonds ist ihre unbefristete Laufzeit. Indexzertifikate werden hingegen irgendwann fällig – wie jedes festverzinsliche Wertpapier auch. Für jeden Umstieg auf ein neues Papier werden wieder Kosten fällig.

Unbefristete Laufzeit bei Indexfonds.

Mischfonds

Bei gemischten Fonds liegt es in der Natur der Sache, dass die Rendite in erster Linie vom Konzept abhängt; die Fähigkeit des Fondsmanagers ist hier zweitrangig. So ergab eine Untersuchung der *Stiftung Warentest*, dass diejenigen gemischten Fonds, die in den vergangen Jahren verstärkt auf Aktien gesetzt haben, auch die besten Ergebnisse für den Anleger erzielen konnten.
Mischfonds bestehen aus gemischten Wertpapier- und Grundstückssondervermögen. Das Fondsvermögen darf bis zu 30 Prozent investiert werden in Grundstücke, Beteiligungen an Grundstücksgesellschaften oder Anteilen an Immobilienfonds.
Darüber hinaus können Fondsmanager Liquidität in Form von Geldmarktfonds halten. Anlageentscheidungen werden auf diese Weise flexibler.

Garantiefonds

Vollkaskoschutz für Geldanlagen heißt das Zauberwort, bei dem viele Anleger aufhorchen. Fonds mit Garantie gibt es schon seit Jahren im Programm der Anlagegesellschaften. Garantiert keine Verluste beim eingesetzten Geld werden den Anlegern versprochen, trotzdem kann man spekulieren, durch den Kauf der Fondsanteile an steigenden Aktienkursen verdienen. Das Prinzip der Garantiefonds ist, dass die Fondsmanager ihre Spekulationen durch den gleichzeitigen Kauf von Optionsscheinen absichern.

Absicherung durch Kauf von Optionsscheinen.

Funktionieren kann dieses Prinzip, weil sich Kursschwankungen über längere Zeit immer wieder ausgleichen. Die Angebote sind also seriös – haben aber trotzdem einen kleinen Haken: Das eingesetzte Geld gibt's nur dann in voller Höhe zurück, wenn man seine Fondsanteile für die vorher vereinbarte Laufzeit von drei oder vier Jahren behält. Wer vorher zum Zeitpunkt erheblicher Kursverluste aussteigen muss, weil er sein Geld benötigt, riskiert erhebliche Verluste.

Ein Ausstieg kann teuer werden.

Mögliche Gewinne für die Anleger können hier zwar bis zu 50 Prozent betragen, aber selbst bei einer Hausse am Aktienmarkt steigt der Kurswert dieser Vollkaskofonds nie so schnell wie der Aktienindex.

Grund: Ein Teil des Gewinns wird immer durch den Kauf der Papiere aufgefressen, mit denen die Bank sich gegen das Verlustrisiko absichert.

Altersvorsorge-Sondervermögen-Fonds

Das Vorbild der Altersvorsorge-Sondervermögen-Fonds (AS-Fonds) sind die angloamerikanischen »Pension Funds«, die Basis ist die Anlage in Aktien und Immobilien. Mit Blick auf die Altersvorsorge wurden Spar- und Auszahlpläne entwickelt.

Großbritannien und die USA standen für diese Fondspapiere.

Das heißt, dass zunächst, wie bei den herkömmlichen Fonds auch, in einer Ansparphase Vermögen gebildet wird. Investiert wird hier in risikoreiche Anlagen mit hohen Renditechancen. Steht jedoch die Auszahlphase bevor, wird das Vermögen vom Fondsmanagement in sicherheitsorientierte Anlagen umgeschichtet.

Die Zusammensetzung der Altersvorsorge-Sondervermögen sieht grundsätzlich wie folgt aus: Der Aktienanteil der Sondervermögens muss zwischen 21 und 75 Prozent des Fondsvermögen liegen, in Immobilien dürfen bis zu 30 Prozent investiert werden.

DAS STEINERNE GELD – VERMÖGENSAUFBAU MIT IMMOBILIEN

Die Renditeaussichten bei einer Geldanlage in Immobilien sind nicht unbedingt rosig, niedrige Mieten und sinkende Steuervorteile verringern die Gewinnchancen. Die bei einer Neuvermietung erzielbaren Mieten hinken der Preisentwicklung hinterher, sie sind in den vergangenen Jahren in vielen Städten gesunken.

Laut einer Untersuchung von *Finanztest* hat sich das Verhältnis von Kaufpreis zu erzielbarer Miete seit 1991 fast ununterbrochen zu Lasten der Kapitalanleger verändert: Während gebrauchte Eigentumswohnungen 1991 im Schnitt das 15- bis 16fache der Jahresmiete kosteten, müssen Käufer heute hingegen schon mehr als das 22fache der Jahresmiete investieren.

Die Bruttomietrendite – das Verhältnis der Jahresmiete zum Kaufpreis – ist innerhalb von sieben Jahren von 6,4 auf durchschnittlich 4,5 Prozent gesunken. Nach Abzug von Kaufnebenkosten für Makler, Grunderwerbssteuer und Notar sowie laufenden Instandhaltungs- und Verwaltungskosten bleibt oft nur eine Nettorendite von deutlich unter vier Prozent.

Steigender Kapitalaufwand ließ die Rendite bei Immobilien sinken.

Nur bei relativ hohen Wertsteigerungen kann sich die Investition noch rechnen. Die Chance, von einem unmittelbar bevorstehenden Preisschub zu profitieren, ist nach Einschätzung von *Finanztest* jedoch eher gering.

Vorsichtig sollten Immobilienanleger in den neuen Bundesländern sein: Die erzielbaren Mieten sind hier noch stärker zurückgegangen als die Kaufpreise. Im Schnitt müssen Anleger hier das 24fache der Jahresmiete als Kaufpreis zahlen.

Und trotzdem: Eine Immobilie ist ein geeigneter Baustein für den Vermögensaufbau, wenn er mit anderen Geldanlagen

Im Alter von
Vorteil –
die eigene
Immobilie.

kombiniert wird. Denn im Alter wohnt man mietfrei, beziehungsweise zahlt mit den Mieteinnahmen der vermieteten Immobilie seine Mietkosten. Rentenzahlungen und Erträge aus anderen Anlagen stehen dann dem Lebensunterhalt uneingeschränkt zur Verfügung. Der Lebensstandard kann damit um ein Vielfaches gesteigert werden, eine andere Möglichkeit wäre, den Vermögensaufbau mit den gesparten Mietzahlungen weiter zu steigern.

Denn wer ewig Miete zahlt, verschenkt fast zwei Millionen Mark: Wer heute in einer Wohnung für 1000,– DM Kaltmiete lebt, zahlt in den nächsten 50 Jahren 1,8 Millionen Mark an den Hauseigentümer.

Die folgende Tabelle macht dies deutlich. Und damit uns niemand Schwarzmalerei vorwirft, haben wir sogar nur mit einer durchschnittlichen Mietsteigerung von drei Prozent pro Jahr kalkuliert.

So viel Geld schenken Sie Ihrem Vermieter

Monatliche Miete	Gesamte Mietzahlungen (in DM) für			
	10 Jahre	15 Jahre	20 Jahre	30 Jahre
500,– DM	68.783	111.593	161.221	285.452
600,– DM	82.540	133.912	193.466	342,543
700,– DM	96.297	156.230	225.710	399.633
800,– DM	110.053	178.549	257.954	456.724
900,– DM	123.809	200.868	290.199	513.814
1.000,– DM	137.566	223.187	322.443	570.905
1.200,– DM	165.079	267.824	386.932	685.086
1.400,– DM	192.593	312.461	451.420	799.267

Angenommene Mietsteigerung: 3 Prozent pro Jahr.
© Livingston Media, Hamburg

Der Mieter
verliert viel
Geld im Lauf
der Jahre.

Nun lässt sich dazu auch ganz leicht eine Gegenrechnung aufmachen: Wer nämlich heute die gleiche Wohnung (Mietwert: 1000,– DM) kauft, zahlt für Kaufpreis, Zinsen und Nebenkosten innerhalb von 30 Jahren rund 800.000,– DM.

Dann wohnt er mietfrei – während der Mieter noch eine satte Million verschenkt.

Anhand von aktuellen Preisen und Erfahrungswerten aus der Vergangenheit haben wir einmal genau durchgerechnet, wer eigentlich das bessere Geschäft macht, der Mieter oder der Eigentümer. Unser Ergebnis: In den ersten rund 15 Jahren ist die Belastung des Eigentümers zwar größer als die des Mieters, aber dann verkehrt sich das Verhältnis der Zahlungen ins Gegenteil. Der finanzielle Vorteil des Immobilieneigentümers wird von Jahr zu Jahr größer.

PRAXISBEISPIEL: VERMÖGENSAUFBAU MIT WOHNEIGENTUM LOHNT SICH

Die Bauherren sind ein Ehepaar ohne Kinder, das Bauvorhaben ist eine Neubaueigentumswohnung mit zweieinhalb Zimmern auf einer Fläche von 60 bis 70 Quadratmetern. Die Anschaffungskosten setzen wir mit 280.000,– DM an. Und über diesen Betrag lohnen im Hinblick auf die Fläche keine Diskussionen: Sie wird halt irgendwo, je nach Ausstattung, Wohnlage und Region zwischen den genannten Quadratmeterzahlen liegen. Denn daraus ergeben sich einschließlich aller Nebenkosten Quadratmeterpreise zwischen 4.000,– und 4.700,– DM.

Wer steht am Schluss besser da – Mieter oder Eigentümer?

Die Vergleichsmietwohnung wäre bei einem durchschnittlichen Verhältnis von Lage, Größe und Ausstattung zu einem Mietpreis von 897,– DM monatlich zu bekommen. Dies entspricht einer Nettoquadratmetermiete von 12,82 (bei 70 m^2) bis 15,– DM (bei 60 m^2). Wir gehen von einer durchschnittlichen Mietsteigerung von drei Prozent jährlich aus.

Wohnnebenkosten für Heizung, Müllabfuhr, Wasser usw. haben wir nicht berücksichtigt, weil sie von Mietern wie Eigentümern zu bezahlen sind und bei annähernd gleichen Flächen in einem Mehrfamilienhaus nur unwesentlich abweichen.

Die Bauförderung für die Eigentümer innerhalb der ersten acht Jahre besteht – weil ja keine Kinder vorhanden sind –

nur aus der Grundförderung, pro Jahr sind es 5000,– DM, insgesamt also 40.000,– DM als Zuschuss vom Staat. Das Eigenkapital der Familie besteht im Wesentlichen aus einem fälligen Bausparvertrag über 50.000,– DM, in dem ein Spargutshaben von rund 26.000,– DM schlummert. Weitere Eigenmittel des Paares setzen wir mit einer Summe von 10.000,– DM an.

Fianzierung und Eigenleistung. Die Eigenleistungen der Bauherren kalkulieren wir mit 20.000,– DM – das wären sieben Prozent. So viel ließe sich durch eine Übernahme der Wohnung im erweiterten Rohbauzustand sparen. Es müssten also zum Beispiel alle Fliesen- und Fußboden-, Verschönerungs- und Installationsarbeiten selbst ausgeführt werden.

Ohne Eigenleistungen müsste die Kurve für die Belastung des Eigentümers im folgenden Schaubild um zehn Prozent nach oben korrigiert werden.

Die Kredite setzen sich zusammen aus einem Bauspardarlehen von 24.000,– DM, das innerhalb von acht Jahren und drei Monaten zurückgezahlt wird (Konditionen aus einem Bausparstandardprogramm). Außerdem wird ein Hypothekendarlehen (Annuitätendarlehen) über 200.000,– DM aufgenommen, bei dem wir die typische Anfangstilgung von einem Prozent und einen mittel- bis langfristigen Durchschnittszinssatz von sieben Prozent als Konditionen für die gesamte Laufzeit annehmen. Im 30. Jahr nach dem Kauf ist das Darlehen getilgt.

Die Monatsbelastungen des Eigentümers liegen in den ersten Jahren abzüglich der Bauförderung bei 1.217,– DM, steigen nach Ablauf der Förderung (etwa zeitgleich Tilgung des Bauspardarlehens) auf 1.333,– DM.

Die Differenz zwischen den beiden Kurven in dem Schaubild auf der rechten Seite zeigt links von deren Schnittpunkt den Vorteil des Mieters – rechts davon beginnt der Vorteil des Eigentümers. Er beginnt im 15. Jahr nach dem Kauf, wo der Mieter bei durchschnittlichen Mietsteigerungen erstmals mehr Miete zahlt, als der Eigentümer finanzielle Belastungen zu tragen hat.

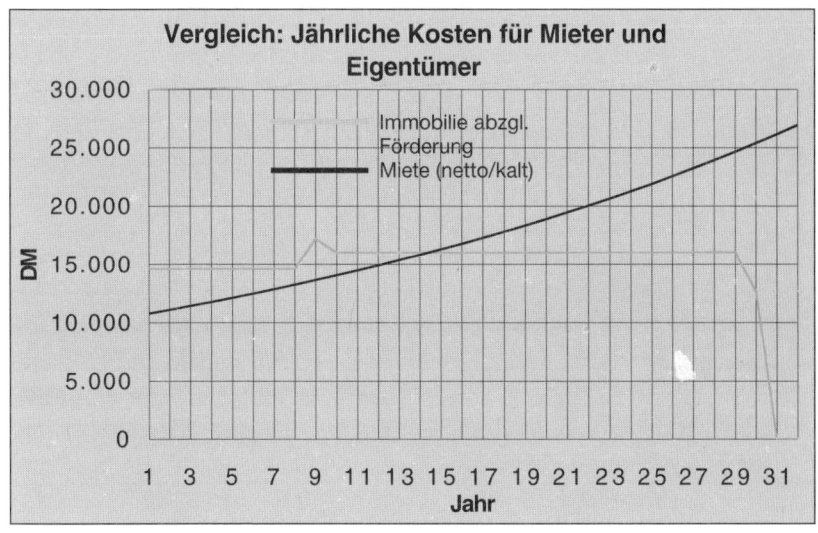

Am Ende des Betrachtungszeitraumes besitzt der Eigentümer bei durchschnittlichen Wertsteigerungen eine Immobilie im Wert von rund 746.000,– DM. Der Mieter besäße, wenn er das anfangs vorhandene Eigenkapital angelegt hätte, allenfalls knapp 110.000,– DM – müsste aber im 30. Jahr mehr als 25.000,– DM an Kaltmiete aufbringen – mit weiter steigender Tendenz.

Der Erwerb von Eigentum zahlt sich aus.

Anleger, die sich für einen Immobilienkauf entscheiden, sollten den Standort sehr sorgfältig auswählen. Neben Qualität und Ausstattung sind vor allem die Lage und die wirtschaftliche Entwicklung der Region für den künftigen Anlageerfolg entscheidend. Die wichtigsten Ratschläge, die Sie bei Suche und Kauf eines Immobilienobjekts beachten sollten, erhalten Sie nachfolgend.

Der Standort kann die Wertsteigerung noch erhöhen.

DAS IMMOBILIENOBJEKT

Es spielt keine Rolle, ob es sich hierbei um eine vermietete Eigentumswohnung oder ein Einfamilienhaus handelt. Das sollte jeder Interessent von seiner persönlichen finanziellen Situation abhängig machen. Wer sich mit einer Immobilie

22

seinen Lebensabend sichern will, muss nicht bis ins hohe Alter an dieser Immobilie festhalten. Sind beispielsweise die Kinder aus dem Haus, macht es mehr Sinn, das Eigenheim seiner Lebenssituation anzupassen. Die zu große Immobilie könnte eventuell verkauft und von dem Erlös eine schuldenfreie kleinere Immobilie angeschafft werden. Bleibt dann noch Geld übrig, könnte dies in eine andere Anlage gesteckt werden oder die monatlich verfügbaren Beträge erhöhen.

Zwei paar Schuhe: Eigennutzung oder Vermietung. Wichtig ist vielmehr die Frage, was die Immobilie wertvoll macht. Wollen Sie selbst darin wohnen, dann sollte bei der Objektsuche die Höhe der gesparten Miete ausschlaggebend sein. Wollen Sie die Immobilie als reine Wertanlage, dann sind die zu erzielenden Mieteinnahmen für die Wahl entscheidend.

Darüber hinaus ist die Wertsteigerung der Immobilie ein wichtiges Kriterium, sie wird anhand der Wohnlage, der Ausstattung und des Zustands der Immobilie beurteilt.

So wird die Wohnlage beurteilt

Die folgende Tabelle nennt Ihnen wichtige Auswahlkriterien für die Wohnlage der Immobilie, die Sie bei Ihrer Kaufentscheidung berücksichtigen sollten. Für Anleger, die die Wohnung nicht selber nutzen, sondern vermieten wollen, haben wir bereits die jeweiligen Punktzahlen vorgegeben. Dabei gilt: Je höher die Punktzahl, desto wichtiger ist das Kriterium für die Vermietbarkeit der Immobilie.

Möchten Sie die Immobilie hingegen selbst beziehen, sollten Sie die Wohnlage nach Ihren persönlichen Vorstellungen wählen. Unter der Rubrik »Punkte bei Selbstbezug« können Sie Ihre individuellen Auswahlgesichtspunkte bewerten, auch hier geben Sie dem für Sie wichtigsten Kriterium die höchste Punktzahl.

Mit diesem Bewertungsmuster können Sie jedes Objekt nach der Besichtigung benoten und einordnen. Sie bewahren so die Übersicht und haben ein neutrales Schema, anhand dessen Sie die Immobilie bewerten können.

In der Tabelle gibt es hier nur Platz für drei Objekte, Sie sollten sich aber erheblich mehr Angebote anschauen. Befinden sich dann mehrere Objekte in der engeren Auswahl, müssen Zustand und Ausstattung der Immobilien begutachtet werden. Und auch dafür gibt es Checklisten – mehr darüber im nächsten Abschnitt.

Schauen Sie sich viele Objekte an!

🖉 Checkliste: Beurteilung der Wohnlage

Auswahlkriterium	Punkte bei		Punkte für Angebote:		
	Vermietung	Selbstbezug	Objekt 1	Objekt 2	Objekt 3
Umwelt/Wohnlage: reines Wohngebiet (Industrie oder Gewerbe in der Nachbarschaft führt zur Abwertung)	max. 10				
gewachsenes Wohngebiet (Neubaugebiete auf der grünen Wiese werden abgewertet)	max. 5				
Naherholungsgebiete, heile Natur in der näheren Umgebung	max. 7				
Lärmbelästigung (Hauptstraßen, Einflugschneisen, Bahnlinien führen zur Abwertung)	max. 6				
verkehrsberuhigtes Wohngebiet	max. 5				
Spielmöglichkeiten für Kinder ohne Gefährdung durch Straßenverkehr	max. 7				
Verkehrssituation: Schnellbahnhaltestelle in der Nähe	max. 10				
Bushaltestelle in der Nähe	max. 7				
Pkw-Stellplatz oder Garage	max. 7				
Entfernung zum Arbeitsplatz	entfällt				

Auswahlkriterium	Punkte bei		Punkte für Angebote:		
	Vermie-tung	Selbst-bezug	Objekt 1	Objekt 2	Objekt 3
Entfernung zum bisherigen Wohnort (wichtig zur Pflege alter Kontakte)	entfällt				
Wohnumfeld/Infra-struktur: vorhandener alter Stadt- oder Ortskern in der Nähe oder leicht erreichbar	max. 7				
Einkaufsmöglichkeiten, Fachgeschäfte, Geld-institute in der Nähe	max. 7				
Postamt, Ärzte, Apotheke in der Nähe	max. 5				
Kindergarten in der Nähe	max. 5				
Grund-/Hauptschule leicht erreichbar	max. 5				
weiterführende Schule am Ort	max. 5				
Sozialstation/Alten- bzw. Krankenpflegedienst am Ort vorhanden	max. 5				
Kirche/Gemeindezentrum in der Nähe	max. 5				
Freizeitangebot: Sportmöglichkeiten, Schwimmbad	max. 7				
Vereine (persönliche Interessen)	entfällt				
Möglichkeiten für Spazier-gänge oder Radtouren in der Umgebung	max. 5				
Jugendzentrum leicht erreichbar	max. 5				
Altentagesstätte in un-mittelbarer Nähe	max. 5				
Volkshochschule am Ort vorhanden	max. 5				
Kino, Theater leicht erreichbar	max. 5				
Gesamtpunktzahl	max. 140				

Besonders in den besten oder guten Wohngegenden liegt der Wertzuwachs am niedrigsten. Das liegt daran, dass die bevorzugten Wohnlagen auch in flauen Immobilienzeiten stets gefragt waren und somit einen kontinuierlichen Wertzuwachs garantieren. Erhöht sich die Nachfrage nach Immobilien, steigen die Preise derjenigen Objekte, die in bisher vernachlässigten Gegenden liegen, prozentual viel schneller an.

Bessere Wohngegenden garantieren keinen schnellen Wertzuwachs.

So werden Ausstattung und Zustand adäquat beurteilt

Der Zustand und die Ausstattung einer zum Kauf angebotenen Immobilie sollte lieber einmal zu viel als einmal zu wenig geprüft werden.

Lassen Sie sich nicht von kosmetischen Tricks täuschen – schauen Sie hinter die Fassade!

Auf den ersten Blick sieht alles an der Immobilie frisch und gepflegt aus, doch hinter jeder frisch gemalten Wand kann ein altes, bröckeliges und löchriges Mauerwerk stecken und viel Farbe kann kurzfristig auch Wasserschäden oder Schimmel übertünchen.

Schwere Baumängel begründen zwar Schadenersatzforderungen des Käufers bis hin zu der Möglichkeit, vom Kauf eventuell zurückzutreten. Aber normale Reparaturen oder Sanierungen, deren Notwendigkeit geschickt hinter der Verkaufskosmetik verborgen wurde, gehen immer zu Lasten der neuen Eigentümer.

Dabei lauern Risiken nicht nur bei Altbauten. Auch die Qualität von Neubauten muss kritisch geprüft werden. Nicht alles, was gut aussieht, übersteht die nächsten 20 Jahre ohne Reparaturen.

Die Qualität von Alt- wie Neubauten genau unter die Lupe nehmen.

Die zweite Checkliste hilft Ihnen, den Zustand und die Ausstattung der Immobilie zu prüfen. Eine Bewertung ist in diesem Fall nicht sinnvoll, denn entweder das Objekt ist in Ordnung oder nicht.

Auf Kompromisse sollten Sie sich hinsichtlich des Zustands nicht einlassen.

🖉 Checkliste: Beurteilung von Zustand und Ausstattung

Das können Sie sehen	Das kann dahinter stecken
Immobilie innen:	
Stockflecken, Schimmel an den Wänden	Schlechte Isolierung des Mauerwerks, ungenügende Raumbelüftung nach Einbau von Isolierglasfenstern – evtl. kostenintensive Wärmedämmung der Außenwände
Luftzug in Bodennähe (testen mit Feuerzeugflamme in Raummitte auf Höhe der Fußleisten)	schlecht dichtende Fenster oder Balkon- bzw. Wohnungs- oder Haustüren, verzogene Rahmen – evtl. Austausch erforderlich
bräunliche Wasserränder an Decken	Hinweis auf Leitungs- oder Abwasserschäden – evtl. Austausch überalterter Rohrleitungen
herausgezogene Anschlussstecker von Elektrogroßgeräten (Waschmaschine, Herd, Trockner), Sicherungskasten mit nur vier bis sechs Schraubsicherungen	ungenügende Elektroleitungen, überlasteter Wohnungsanschluss – evtl. völlig neuer Anschluss und Verkabelung in allen Räumen
braune Flecken am Verputz von innen liegenden Schornsteinwänden	falsch dimensionierte Heizungsanlage, Feuchtigkeitsniederschlag durch zu niedrige Rauchtemperatur – evtl. Erneuerung der gesamten Abgasführung erforderlich
Feuchtigkeit an Kellerinnenwänden, Ausblühungen	beschädigte Abflussrohre für Regenwasser außen, defekter Außenputz unter der Erde – evtl. Aufgraben des gesamten Fundaments
Immobilie außen:	
Holzfensterrahmen lassen sich mit dem Fingernagel eindrücken (vor allem auf Wetterseite prüfen)	Verwendung von nicht ausreichend geschütztem Weichholz – evtl. Austausch
Ausblühungen im Mauerwerk	mangelnder Feuchtigkeitsschutz, evtl. schwerste Bauschäden – evtl. neue Feuchtigkeitsisolierung oder Verfugung erforderlich, in schwersten Fällen neues Vormauerwerk
Risse zwischen Eingangs- bzw. Kellertreppe und Hauswand	Verbindung der Bauteile ist fehlerhaft, Gefahr von Feuchtigkeitsschäden – evtl. Abriss und Neubau der Treppen erforderlich

So werden die verwendeten Materialien beurteilt

Die dritte Checkliste verrät Ihnen, welche verwendeten Materialien wie lange halten. Bei den genannten Zeiträumen wurden eine normale, dauernde Wartung und Pflege sowie zwischenzeitliche kleinere Reparaturen vorausgesetzt. Erkundigen Sie sich immer unbedingt, wann welche Bauteile oder Installationen zuletzt erneuert worden sind, und lassen Sie sich das schriftlich geben. Fragen Sie auch nach den Materialien, die benutzt wurden.

Wenn der Zahn der Zeit nagt.

✎ Checkliste: Beurteilung der Materiallebensdauer

Bauteile/Material	Lebensdauer
Außenwände aus Hartbrandziegeln	über 100 Jahre
Außenwand mit Putz	bis 30 Jahre
Außenanstrich (Binder-/Ölfarbe)	3 bis 8 Jahre
Fenster und Türen aus Holz	bis 50 Jahre
Flachdächer	max. 30 Jahre
Dächer mit Ziegeln oder Schiefer	50 bis 100 Jahre
Dächer mit Betondachsteinen	30 bis 50 Jahre
Holzfußböden	bis 100 Jahre
Fliesen oder Platten aus Kunst- oder Naturstein	bis 50 Jahre
Kunststoffbahnen, Linoleum	bis 30 Jahre
Teppichböden	3 bis 10 Jahre
Elektro- und Warmwassergeräte	bis 10 Jahre
Elektroleitungen unter Putz	ca. 50 Jahre
Elektroleitung frei verlegt, Aufputz	30 bis 50 Jahre
Schalter, Steckdosen	bis 20 Jahre
Wasser- und Abwasserleitungen (Kupfer/Kunststoff)	bis 80 Jahre
Armaturen aus Messing	bis 30 Jahre
– aus Blei, Zinkblech	bis 50 Jahre
Heizungsrohre aus Kupfer	bis 80 Jahre
– aus Stahl	bis 50 Jahre
Heizkessel	ca. 30 Jahre

> **Tipp:** Treffen Sie anhand der Listen eine Vorausauswahl, und ziehen Sie vor Vertragsabschluss einen Experten zu Rate. Das kann ein Architekt oder ein erfahrener Handwerker sein.

DIE KOSTEN

Die Erwerbs-nebenkosten nicht außer Acht lassen.

Wenn es zunehmend ernster wird mit Ihren Kaufplänen, dann sollten Sie auch die zusätzlichen Belastungen genau einkalkulieren. Viele Immobilienkäufer wissen nämlich wenig von den üblichen Erwerbszusatzkosten. Und da kommen schnell ein paar Tausender extra zusammen. So wird – abgesehen von den Kosten für die Löschung alter Einträge im Grundbuch, z. B. Hypotheken des Vorbesitzers – im Kaufvertrag meistens vereinbart, dass der Käufer alle Kosten zu übernehmen hat.

Maklercourtage

Provisions-freiheit erhöht den Kaufpreis.

Ein Satz von drei Prozent des Kaufpreises ist allgemein üblich, auf diese Provision werden 15 Prozent Mehrwertsteuer geschlagen. Doch gibt es hier erhebliche regionale Unterschiede, so können einschließlich Mehrwertsteuer auch rund sechs Prozent fällig werden. Eine äußerst faire, aber leider seltene Variante ist es, wenn Käufer und Verkäufer sich die Provision teilen. Gibt der Makler vor, »provisionsfrei« zu arbeiten, sollte der Kaufpreis mit Vorsicht betrachtet werden. Denn in solchen Fällen ist die Courtage für den Makler meist als Innenprovision in den Kaufpreis eingerechnet (üblich bei Neubauten von Bauträgern), bzw. der private Verkäufer, der vorgeblich den Makler bezahlt, verlangt gleich einen höheren Quadratmeterpreis. Nutzen Sie die Marktsituation, und handeln Sie die Höhe der Maklercourtage individuell aus.

Gutachterkosten und Schätzgebühren

Gutachterkosten oder auch Schätzgebühren müssen Sie als Käufer selbst übernehmen. Das wäre der Fall, wenn die Bank den Beleihungswert einer Immobilie prüfen will. Dazu wird ein Gutachter losgeschickt, der ein Honorar zwischen 300,– und 1.000,– DM zuzüglich Mehrwertsteuer erhält.

Notargebühren

Zu jedem Immobilienkauf gehört die Arbeit eines Notars. Sein Job ist es, den Kauf zu beurkunden, die Auflassung im Grundbuch vorzunehmen und die Grundschulden und eventuelle Abtretungen an die Geldinstitute zu beurkunden und einzutragen. Sein Gesamthonorar beträgt ungefähr ein Prozent des Kaufpreises und setzt sich immer aus mehreren verschiedenen Positionen zusammen, die anhand des jeweiligen Geschäftswertes berechnet werden. Grundlage ist die bundeseinheitliche Kostenordnung für Notare. Wenn Sie mit einer Notargebühr von 2,5 Prozent des Immobilienwertes kalkulieren, sind Sie auf der sicheren Seite. Je nach Tätigkeit sind dann von der Gebühr folgende Sätze fällig:

Jeder Kauf muss beurkundet werden.

- der halbe Satz (bei Umschreibung, Zahlungsüberwachung, Anforderung und Entgegennahme von Gläubigererklärungen),
- der volle Satz (Grundschuldbestellung zur Absicherung von Krediten) bzw.
- der doppelte Satz (Ausfertigung des Kaufvertrages).

Gebühren bei Ämtern

Aber auch von diversen Ämtern werden Ihnen für deren Arbeiten Rechnungen ins Haus flattern, wie z. B. die folgenden:

Vielerlei Rechnungen warten auf Sie.

Gericht und Grundbuchamt

Für Löschungen, Eintragungen und Besitzumschreibungen werden Gebühren fällig, die etwa 0,3 Prozent des Immobilienwertes betragen, plus 15 Prozent Mehrwertsteuer.

Vermessungsamt

Jeder fertige Neubau muss für die Eintragung in die amtlichen Flurkarten vermessen werden. Die Kosten für ein normales Wohnhaus betragen etwa 150,– bis 200,– DM.

Finanzamt
Die nicht rückerstattungsfähige Grunderwerbssteuer beträgt
stets 3,5 Prozent des Kaufpreises.

DIE WOHNNEBENKOSTEN

Auch wenn Sie in Ihrer eigenen Immobilie wohnen, monatliche Betriebskosten müssen Sie trotzdem zahlen.

Mit diesen Nebenkosten müssen Sie rechnen.

Die Nebenkosten setzen sich wie folgt zusammen:
- Fahrstuhlwartung
- Feuerlöscherwartung
- diverse Gebäudeversicherungen
- Grundsteuer
- Haftpflichtversicherung für Grundeigentümer
- Heizung (Brennstoffe)
- Heizungswartung
- Müllabfuhr

Vergleichen Sie, und zahlen Sie nicht zu viel!

- Schornsteinfeger/Kaminkehrer (mit Abluftprüfungen)
- Straßen-/Gehwegreinigung
- Stromkosten
- Wasser- und Abwassergebühren

Zusätzliche Nebenkosten für Eigentumswohnungen:
- Gartenpflegekosten (wenn nicht durch Hausmeister)
- Hausmeisterkosten
- Instandhaltungsrücklage
- Kosten für Gemeinschaftsanlagen
- Verwaltungskosten (25,– bis 30,– DM monatlich)
- evtl. Winterdienst/Schneeräumung

PRÜFEN SIE DEN KAUFPREIS

Mit Hilfe des Kaufpreisfaktors können Sie ganz schnell erkennen, ob eine Immobilie teuer oder preiswert ist.
Wünschenswert ist ein Kaufpreisfaktor zwischen ungefähr
14 (bei Zinshäusern mit Mietwohnungen) und 22 (bei selbst
genutztem Eigentum).

118

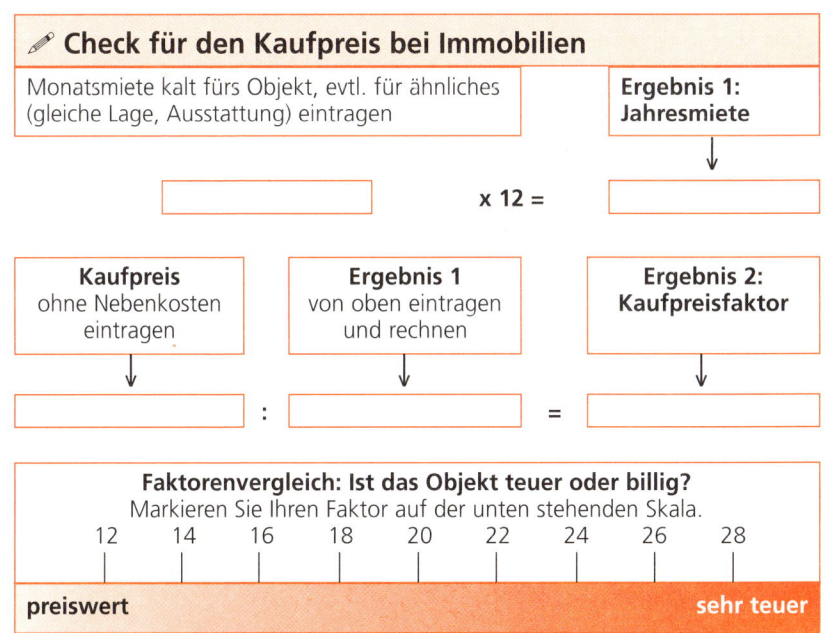

Check für den Kaufpreis bei Immobilien

Monatsmiete kalt fürs Objekt, evtl. für ähnliches (gleiche Lage, Ausstattung) eintragen	**Ergebnis 1: Jahresmiete**

x 12 =

Kaufpreis ohne Nebenkosten eintragen	**Ergebnis 1** von oben eintragen und rechnen	**Ergebnis 2: Kaufpreisfaktor**

: =

Faktorenvergleich: Ist das Objekt teuer oder billig?
Markieren Sie Ihren Faktor auf der unten stehenden Skala.

12   14   16   18   20   22   24   26   28

preiswert   sehr teuer

WICHTIGE REGELN BEIM IMMOBILIENKAUF

Kaufen Sie nie ein Objekt nur wegen der Steuervorteile, das Objekt sollte Sie auch darüber hinaus überzeugen. Der beste Test ist immer die Frage, ob Sie eventuell auch selbst zu der geforderten Miete bereit wären, bereit also, Ihr eigener Mieter zu werden. Kaufen Sie kein Objekt nur deshalb, weil Ihnen eine Mietgarantie gewährt wird. Die Firma, die Ihnen das verspricht, ist meistens eine GmbH – und mehr als 50.000,– DM Eigenkapital muss das Unternehmen nicht aufweisen. Fragen Sie bei Ihrem Geldinstitut oder bei der Handelskammer, ob Informationen über die Firma zu beschaffen sind. Kaufen Sie eine Immobilie nur, wenn die verprochenen Mieteinnahmen dem Mietniveau am Ort entsprechen und das Verhältnis zwischen Jahresmieteinnahme und Kaufpreis stimmt. Dabei hilft Ihnen der Kaufpreisfaktor.

Bleiben Sie bis zur Unterschrift kritisch.

REICH WERDEN DURCH EXISTENZGRÜNDUNG

Mit einer brillanten Idee richtig viel Geld verdienen, endlich sein eigener Chef sein, in die eigene Tasche arbeiten – diese und ähnliche Gedanken hat wohl schon jeder von uns geäußert. Und wenn die Geschäftsidee gut läuft, dann ist die Existenzgründung eine sehr realistische Möglichkeit, Vermögen aufzubauen und die erste eigene Million zu besitzen. Doch einerseits von Reichtum und davon zu träumen, sein eigener Herr und nie mehr von den Entscheidungen anderer abhängig zu sein, und andererseits den täglichen Kampf als Unternehmer zu gewinnen – dazwischen liegen Welten.

Eine gehörige Portion Mut und Phantasie ist geboten. Der Existenzgründer benötigt Mut zum Risiko, Phantasie für eine Geschäftsidee und die Bereitschaft zu sehr viel Verzicht. Genauso wichtig sind aber auch die richtigen Partner, die richtigen Berater und die richtigen Geldgeber. Und Sie brauchen einen »realistischen Taschenrechner«.

Wenn Sie diese Voraussetzungen erfüllen und Sie dazu noch etwas Glück haben, dann steht der Vermögensplanung durch das eigene Unternehmen nichts mehr im Weg. Die wichtigsten Richtlinien und Anhaltspunkte auf dem Weg dorthin wollen wir Ihnen in diesem Kapitel geben.

🖉 Checkliste: Von der Idee zum Konzept

Geschäftsidee
Wichtig ist eine eigene Geschäftsidee, die eine echte Marktlücke füllt. Gefahr bei völlig neuen Ideen: Vielleicht hat es deshalb noch niemand probiert, weil es nicht funktionieren kann? Auf keinen Fall sollte eine Existenzgründung auf einen Modetrend aufgebaut werden. ☐

Voraussetzungen
Fachlich: Sie sollten sich in der jeweiligen Branche zumindest ein bisschen auskennen. Gut ist es, wenn Sie im Beruf schon Verantwortung getragen, Erfahrungen mit Planung, Personalführung oder Kalkulation gesammelt haben. ☐

🖋 Checkliste: Von der Idee zum Konzept

Voraussetzungen
Persönlich: Selbstständigkeit bedeutet auch, mal 80 Stunden pro Woche zu arbeiten, zwei Jahre keinen Urlaub zu haben – ohne sofortigen finanziellen Ausgleich.
Sie müssen gesund und in jeder Hinsicht stabil sein, Partner und Familie müssen mitspielen. ☐

Beratung
Bei allen Industrie- und Handelskammern sowie den Handwerkskammern gibt es spezielle Existenzgründungsberater.
Wichtigstes Beratungsziel: Überprüfung Ihres Konzepts – und der Frage, ob sich Aufwand und Ertrag angesichts der Risiken für Sie am Ende wirklich lohnen. ☐

Partner
Mit einem Partner können Lasten besser verteilt werden. Gründungsberater wissen, wo es seriöse Teilhaberbörsen z. B. bei den Industrie- und Handelskammern gibt. Vorsicht bei Teilhabergesuchen aus Kleinanzeigen. ☐

Finanzquellen
Wer eine Existenz aufbauen will, kann bis zu 100 Prozent der benötigten Mittel als zinsfreie oder zinsverbilligte Darlehen von Bund oder Ländern kassieren.
Aber: Man darf nie einen Vertrag unterschrieben haben, bevor das Geld bewilligt ist. Auf die verschiedenen Finanzhilfen wird man vom Existenzgründungsberater hingewiesen. ☐

Die fünf häufigsten Gründe für das Scheitern von Existenzgründern:

1. Fehler bei der Finanzierungsplanung; Umsatz und Ertrag überschätzt.

2. Markteinschätzung entspricht nicht der Realität; kein Bedarf, falscher Standort.

3. Grundlegende kaufmännische Fehler bei der Strategie der Betriebsführung.

4. Ungenügende Startvorbereitungen, vorher ausgearbeitete Planungen oder Konzeptpunkte werden nicht oder nicht genau genug eingehalten.

5. Probleme im Privatleben, Belastungen durch viel Arbeit und geringen Startverdienst.

Von Finanzierungsfehlern bis hin zu privaten Problemen reicht die Palette möglicher Hindernisse.

DIE ORGANISATIONSFORM IHRES UNTERNEHMENS

Wie Ihr Unternehmen, das Sie gründen wollen, im Einzelnen rechtlich organisiert sein soll, bleibt natürlich Ihnen überlassen. Nachfolgend seien an dieser Stelle die sechs rechtlichen Möglichkeiten aufgeführt sowie die dazugehörigen Rahmenbestimmungen, die Ihnen der Gesetzgeber zur jeweiligen Unternehmensform vorschreibt.

Welche Rechtsform soll Ihr Unternehmen haben? Ob Sie nun allein haftender Inhaber sind oder z. B. eine Partnerschaftsgesellschaft gründen ist vom jeweiligen Einzelfall abhängig. In jedem Fall müssen Sie sich zu Anfang Ihrer Existentgründung darüber im Klaren sein.

Bezeichnung	Rechtlicher Hintergrund
Das Einzelunternehmen	Das entsteht automatisch durch Eintragung des Gewerbes; für Existenzgründer billig und einfach. Diese Rechtsform ist aber nur dann möglich, wenn einer der alleinige Besitzer des Unternehmens ist. Man kann dann einem Mitarbeiter Vollmachten erteilen, die sogar so weit reichen, dass er das Unternehmen allein führen, Ware einkaufen und Preise bestimmen kann, aber – und das ist wichtig – allein haftender Inhaber bleibt der Eingetragene. Ein Einzelunternehmen ist immer daran zu erkennen, dass es den Namen seines Besitzers führen muss.
Die Gesellschaft bürgerlichen Rechts (GbR)	Wenn zwei haftbar sein wollen, müssen sie eine Gesellschaft bürgerlichen Rechts (GbR) gründen. Es gibt kaum Unterschiede zum Einzelunternehmen, denn auch für die GbR gilt: Sie brauchen 1. kein vorgeschriebenes Mindestkapital, 2. keine Eintragungspflicht ins Handelsregister, 3. keine Formalitäten bei der Gründung (nur Gewerbeanmeldung), 4. keine Haftungsbeschränkung der teilnehmenden Partner (volle Privathaftung). Darüber hinaus können wie beim Teilhaber des Einzelunternehmens alle Vereinbarungen zwischen den Partnern frei getroffen werden. Ob Einzelunternehmen oder GbR: Die Haftung mit dem Privatvermögen der Inhaber gilt bis in alle Ewigkeit. Das heißt, es kann passieren, dass Sie für Schulden, die Ihnen Ihr Unternehmen einträgt, bis an Ihr Lebensende bezahlen.

Bezeichnung	Rechtlicher Hintergrund
Die Partner-schaftsgesell-schaft	Die ideale Geschäftsform für z. B. zwei Zahnärzte (oder andere Freiberufler), die eine Gemeinschaftspraxis gründen wollen. Seit Juli 1995 gibt es durch das »Gesetz zur Schaffung von Partnerschafts-Gesellschaften« extra für diese Gruppe von Existenzgründern die Möglichkeit, Gesellschaften ähnlich der GbR zu gründen. Beruhigend für die Partner ist dabei, dass eine Haftungsbegrenzung (z. B. bis zur Höhe einer bestehenden Berufs-, Vermögensschaden- oder Haftpflichtversicherung) vorzunehmen ist. Nach außen kann die Partnerschaft unter eigenem Namen (als juristische Person) Rechte erwerben und Verbindlichkeiten eingehen, jeder Partner kann die Partnerschaft nach außen vertreten (Ausnahmen müssen eingetragen sein).
Die Offene Handelsgesell-schaft (OHG)	Auch hier handelt es sich um eine Rechtsform, die für Partnerschaften gedacht ist. Doch es handelt sich ausschließlich um eine juristische Person (Eintrag ins Handelsregister ohne Mindestkapitalnachweis). Die Partner haften unbegrenzt, das heißt mit ihrem Privatvermögen und mit dem Betriebsvermögen. Eine solche Handelsgesellschaft kann nur von Vollkaufleuten gegründet werden.
Die Komman-ditgesellschaft (KG)	Wieder eine juristische Person, die im Handelsregister eingetragen wird. Sie besteht immer aus einem Komplementär (der mit vollem Privatvermögen haftet) und einem oder mehreren Kommanditisten, die nur bis zur Höhe ihrer Einlage haften. Für beide Teile ein interessantes Arrangement: Der Komplementär (der die volle Haftung trägt) führt die Geschäfte, vertritt die Firma nach außen allein und muss sich nicht in die Geschäfte hineinreden lassen. Die Kommanditisten werden durch ihre Kapitaleinlage (höher können auch ihre Verluste nicht werden) steuerlich zu Mitinhabern. Sie haben Abschreibungsmöglichkeiten bei Verlusten und sind an Gewinnen der Firma beteiligt.
Die Gesellschaft mit beschränkter Haftung (GmbH)	Steuerlich ist die GmbH nur noch interessant, weil z. B. die Altersversorgung vor Ermittlung des Gewinns herausgezogen werden kann – ansonsten sind steuerliche Vorteile kaum noch zu erzielen. Und eine GmbH ist nicht billig, man muss Bilanzen aufstellen, Körperschaftsteuer (eine Art Existenzsteuer für juristische Personen) bezahlen. Faustregel: Auch eine GmbH, die überhaupt keinen Umsatz macht, kostet pro Jahr etwa 4.000,– bis 6.000,– DM.

DER WERT EINES UNTERNEHMENS

Wenn man zwecks Existenzgründung ein Unternehmen übernehmen will, muss natürlich geklärt werden, welchen Wert das Unternehmen überhaupt darstellt, um anhand dessen zu einer realistischen Einschätzung der Ausgangslage zu kommen.

Bei der Ermittlung eines Unternehmenswertes wird zwischen nachfolgenden drei Kriterien unterschieden.

Drei Kriterien zur Beurteilung des Unternehmenswertes

1. Der Ertragswert

Vom heutigen Stand aus wird der Gewinn für die kommenden fünf Jahre eingeschätzt. Diese Bewertung macht Sinn, wenn Sie den Betrieb ohne große Änderungen wie bisher weiterführen wollen.

2. Der Substanzwert

Dabei wird nur der Wert aller zu erwerbenden Gegenstände (abzüglich noch offener Verbindlichkeiten) ermittelt. Diese Bewertung macht Sinn, wenn Sie grundlegende Änderungen gegenüber der bisherigen Betriebsführung vornehmen wollen.

3. Der reale Unternehmenswert

Dabei werden Substanz- und Ertragswert addiert und dann durch zwei geteilt – eine Mischform, die eine möglichst realistische Bewertung von Sachvermögen und Ertragskraft ermöglichen soll.

Auch Durchschnittswerte sind aufschlussreich. Für viele Branchen gibt es auch Durchschnittswerte (kennt jeder Berater), zu denen Betriebe gehandelt werden. Oft wird dabei einfach von einem mehrfachen Jahresumsatz ausgegangen, z. B. dem zweieinhalb- bis fünffachen. Hintergrund ist folgende Überlegung: Bestimmte Umsätze sind nur zu schaffen, wenn das Unternehmen entsprechend etabliert und ausgestattet ist. Außerdem steht der Umsatz immer in direktem Zusammenhang mit dem Reingewinn.

124

Tipp für die ersten Schritte: Bei den Industrie- und Handelskammern bzw. den Handwerkskammern werden Sie nicht nur in Fragen der Übernahme bzw. Beteiligung beraten und bekommen Sachverständige genannt, sondern es gibt auch Teilhaber- oder Übernahmebörsen, über die sich Kontakte herstellen lassen.

Kontakte über die IHK suchen.

Mögliche Teilhaberschaften bei der Existenzgründung

Stille	Es handelt sich hierbei praktisch nur um eine Geldanlage in einem Unternehmen. Der Teilhaber bekommt für seine Einlage keine Mitspracherechte bezüglich der Firmenpolitik oder Geschäfte, er tritt auch nach außen gar nicht in Erscheinung und muss auch nicht in der Firma mitarbeiten. Also keine echte Alternative für Existenzgründer. Als Lohn für seine Geldeinlage bekommt er entweder eine 1. fest vereinbarte Verzinsung für sein Kapital geboten. 2. Und die wird, weil er ein größeres Risiko als bei garantierten Zinsen von der Bank eingeht, höher ausfallen als für andere Geldanlagen. 3. Es kann aber auch eine prozentuale Beteiligung am Gewinn des Unternehmens vereinbart werden. Entsprechende Verträge sollten von Anwälten und/oder Steuerberatern gestaltet werden.
Atypisch stille	Man beachte das Wörtchen atypisch. Denn hier kann nun doch schon statt einer bloßen Geldanlage ein kleines unternehmerisches Abenteuer gemeint sein. Das kann z. B. bedeuten, dass als Gegenleistung für die Geldeinlage Mitspracherechte eingeräumt werden oder eine Mitarbeit erwartet wird. Der Teilhaber wird dadurch aber weder steuerlich noch rechtlich zum Mitinhaber. Die atypisch stille Beteiligung kann deshalb auch als Möglichkeit gewählt werden, die Haftung des Teilhaberpartners zu begrenzen. Ohne an der bestehenden Rechtsform des Unternehmens etwas zu verändern bzw. die sonst dafür erforderlichen gesellschaftsrechtlichen Voraussetzungen zu schaffen. Auch der atypische Teilhaber kann die Firma nach außen hin nur vertreten, wenn er Vollmachten, wie z. B. eine Prokura, besitzt.
Pur	Die Frage, ob man allein oder zu zweit ein Unternehmen aufbaut, kann sich eigentlich nur jeder selbst beantworten. Hier ein paar gute Gründe, die für einen Teilhaber sprechen:

Mögliche Teilhaberschaften bei der Existenzgründung

Pur	• In der Gründungsphase ist es gut, wenn Verantwortung und Lasten von mehreren Beteiligten getragen werden. • Der – auch nur zeitweise – Ausfall eines Einzelkämpfers durch Unfall oder Krankheit kann in der Startphase das absolute Aus bedeuten. • Beide Partner können sich mit ihren Fähigkeiten ergänzen und sich gegenseitig vertreten. • Das von einer Einzelperson selten aufzubringende Kapital kann leichter beschafft werden. Wichtig für so eine Teilhaberschaft ist nicht, dass Sie und Ihr künftiger Partner alte Freunde sind. Im Gegenteil, das kann gerade falsch sein (zwei undisziplinierte Hallodris machen ein Geschäft doppelt so schnell kaputt). In erster Linie geht es darum, dass beide geschäftlich die gleichen Ansichten vertreten, gemeinsame unternehmerische Ziele haben und sich als Unternehmer ergänzen. Schließlich will man die eigene und eine zusätzliche Existenz sichern.
Firmen- oder Betriebsüber-nahme	Ist ein Firmenchef krank, zu alt und ohne Erben, wird er sein Geschäft verkaufen – auch oder gerade, weil es glänzend läuft. Im Traumfall ist es sogar möglich, dass der aufgebende Unternehmer genug verdient hat, um sich zur Ruhe zu setzen. Sehr viel häufiger ist allerdings, dass ein Geschäft aufgegeben wird, weil es nicht mehr gut läuft. Und dann macht es für den Vorbesitzer Sinn, sich gegen eine einmalige Zahlung rechtzeitig davon zu trennen – ehe es ganz den Bach heruntergeht. Wenn sich der bisherige Eigentümer aber gegen eine Einmalzahlung möglichst schnell wegen »mangelnder Lust« zurückziehen will, sollten Sie stutzig werden. Vergessen Sie diese Regel auch dann nicht, wenn sich das Unternehmen und die Bücher nach genauem Studium als sauber erweisen. Versetzen Sie sich einfach in die Rolle des anderen, und fragen Sie sich, was ihn wirklich zu seinem Entschluss gebracht haben könnte. Niemand verschenkt freiwillig etwas, schon gar nicht die Aussicht auf langfristige regelmäßige Zahlungen aus einem gut laufenden Unternehmen.
Beteiligung	Nirgendwo kann Lenins Satz »Vertrauen ist gut, Kontrolle ist besser« lebenswichtiger sein als im Geschäftsleben. Niemand verschenkt etwas. Um sich selbst zu schützen, müssen Sie leider immer vom schlechtesten Ansatz ausgehen. Und jetzt wird's richtig gemein: Die Prüfung jener Fakten oder Unterlagen, die die Angaben des Eigentümers belegen können oder sollen, nutzt Ihnen so gut wie gar nichts. Halten

Beteiligung	Sie sich mit ihrer Prüfung gar nicht groß auf. Suchen Sie stattdessen sofort nach Beweisen für das genaue Gegenteil. Bilanzen und Steuererklärungen lassen sich manipulieren – Ihr Gespür nicht. Sie brauchen Hilfe. Denn allein wird es Ihnen nicht gelingen, ein Unternehmen durchzuchecken. Dies ist zunächst mal Sache eines Steuerberaters, Unternehmensberaters oder Wirtschaftsprüfers. Den können Sie sich übrigens auch im Rahmen der ersten Beratung schon empfehlen lassen. Die Einschätzung eines Unternehmenswertes ist von so vielen Faktoren abhängig und nach so unterschiedlichen Gesichtspunkten möglich, dass ein Nichtprofi damit zwangsläufig überfordert ist.

DIE EIGENE RECHERCHE

Es gibt aber auch Punkte, die Sie niemand anderem überlassen können. Sie selbst sollten sich Überblicke verschaffen:

- über den Kundenkreis
- über die Konkurrenten
- über die Mitarbeiter
- über die privaten Lebensverhältnisse des bisherigen Eigentümers.

Sie sollten sich in Ihrem Geschäftszweig gut auskennen.

Es geht dabei nicht darum, dass Sie Menschen ausspionieren. Aber wenn Ihnen an Ihrem Geld gelegen ist, sichern Sie Ihre Einlage durch genaue Kenntnis Ihres neuen Geschäftszweiges. Wenn Sie gut recherchiert haben, können Sie die Fragen in den vier nachfolgenden Tests ziemlich leicht beantworten.

✓ Testen Sie: Ihre Person und Ihren Geschäftspartner

Fragestellung (bei nicht 100-prozentigem »ja« bitte »nein« ankreuzen)	Antwort ja	nein
Hier geht es zunächst mal nur um Sie:		
Kennen Sie sich in dieser Branche aus?		
Haben Sie hier Berufserfahrungen gesammelt?		
Haben Sie erfahrene, Ihnen schon länger vertraute Berater, die sich in dieser Branche auskennen?		

✓ Testen Sie: Ihre Person und Ihren Geschäftspartner

Fragestellung (bei nicht 100-prozentigem »ja« bitte »nein« ankreuzen)	Antwort ja	nein
Hat Sie diese Branche schon vorher interessiert, oder liegt das nur an der sich jetzt bietenden Möglichkeit?		
Interessiert Sie die Aufgabe wirklich – oder wollen Sie nur die günstige Gelegenheit beim Schopf packen?		
Hier geht es um den bisherigen Unternehmer:		
Würden Sie ihm einen Gebrauchtwagen abkaufen?		
Würden Sie ihm in einer Gaststätte, weil Sie auf die Toilette müssen, Ihre Geldbörse anvertrauen, damit er daraus bezahlt – ohne zu wissen, wie viel drin ist?		
Passen sein Auftreten und sein Lebensstil zu dem, was er Ihnen über Erfolge und Gewinne erzählt?		
Kennen Sie seinen Lebensstil überhaupt?		
Hat er Ihnen Einblicke in seine privaten Verhältnisse ermöglicht, ohne dass Sie ihn diesbezüglich darauf drängen mussten?		
Würden Sie mit ihm eine Bergtour machen, bei der er für Ihre Sicherung verantwortlich ist?		
Sagt Ihnen sein Auftreten gegenüber Mitarbeitern/Untergebenen uneingeschränkt zu?		
Hat er Ihnen Auskünfte über die Erbregelungen im Falle seines Todes gegeben?		
Freut er sich über jeden Besuch von Ihnen – auch ohne Anmeldung – im Betrieb?		
Hat er Sie ermuntert, sooft wie möglich im Betreib vorbeizuschauen, mit Kunden und Mitarbeitern zu sprechen?		
Beantwortet er alle Ihre Fragen schlüssig, und haben Sie das Gefühl, dass er es gern tut?		
Sind Ihnen die Gründe für eine Beteiligung/Übergabe glaubwürdig erklärt worden?		
Genießt er bei denen, mit denen Sie über ihn sprechen, allgemein einen guten Ruf?		

Schätzen Sie den bisherigen Inhaber genau ein.

✓ Testen Sie: Ihren künftigen Betrieb

Fragestellung	ja	nein
Ist Ihnen der gute Ruf des Betriebes bekannt?		
Besteht der Betrieb schon länger als fünf Jahre, und liegt er in dieser Zeit in den gleichen Händen?		
Ist die Entwicklung des Unternehmens in dieser Zeit für Sie nachvollziehbar erfolgt?		
Ist das Unternehmen unter der angegebenen Firma im Handelsregister eingetragen?		
Stimmen alle Angaben im Handelsregister mit den Ihnen erteilten Auskünften überein?		
Gibt es Faktoren, die eine voraussehbare Entwicklung für die Zukunft möglich machen?		
Sagt Ihnen die Mitarbeiterstruktur zu, können Sie also auf sofortige Änderungen verzichten?		
Ist die technische Ausstattung des Betriebes so, dass sofortige Änderungen nicht nötig sind?		
Haben Sie (z. B. über Ihre Bank) eine Wirtschaftsauskunft über den Betrieb einholen lassen?		
Sind gesetzliche Vorschriften für die Übernahme zu beachten und/oder auch zu erfüllen?		
Hier geht es um den Standort des Betriebes:		
Kennen Sie die Bauplanung für die Umgebung?		
Ist der Standort danach langfristig gesichert, auch was Verkehrsführungen angeht?		
Ist eine Erweiterung grundsätzlich möglich (vor allem bei vorhandenen Kapazitätsengpässen)?		
Sind bisherige Rahmenbedingungen (Mieträume, Mietpreise) langfristig sicher bzw. gewährleistet?		
Befinden sich Räumlichkeiten in einem mittelfristig guten bis ausreichenden Zustand?		
Sind alle Umweltschutzauflagen erfüllt und zu erwartende neue ebenfalls zu erfüllen?		
Ist sichergestellt, dass der Betrieb genehmigt, bau-, gewerberechtlich abgenommen ist?		
Ist sichergestellt, dass es keine Umweltaltlasten gibt, die auf das Unternehmen zurückzuführen sind?		

Verschaffen Sie sich detaillierte Kenntnisse über Ihren zukünftigen Betrieb.

✓ Testen Sie: die Wirtschaftlichkeit Ihres künftigen Betriebes

Fragestellung	ja	nein
Gibt es einen Überblick über die letzten fünf Jahre?		
Sind Gesamtumsatz, Umsatz einzelner Waren/ Leistungen, Gewinn bekannt?		
Wurden Ihnen Unterlagen freiwillig ausgehändigt und zur Prüfung durch Dritte bereitwillig überlassen?		
Hat ein Sachverständiger Abschlüsse/Bilanzen zur Ermittlung des Unternehmenswertes geprüft?		
Stimmte diese Prüfung mit den Vorstellungen des bisherigen Besitzers in etwa überein?		
Ist bei Pacht oder Miete sichergestellt, dass Sie mehr Gewinn erzielen als der andere?		
Sind steuerliche Alternativen zu Kauf oder Miete (Leibrente) mit Experten durchgerechnet worden?		
Sind Eigentumsvorbehalte oder Sicherungsübereignungen wegen der Firmenkredite geklärt worden?		
Sind eventuelle Gläubiger mit der Übernahme durch Sie einverstanden?		
Kennen Sie die Gläubiger, und können Sie damit leben, in deren Schuld zu stehen?		
Ist sichergestellt, dass Sie nicht noch offene Steuerschulden der Vergangenheit tragen müssen?		
Ist sichergestellt, dass es keine Ihnen unbekannten Zusagen des Betriebes (Renten) für die Zukunft gibt?		

Wie steht es mit der Wirtschaftlichkeit des Betriebs?

✓ Testen Sie: Ihre künftigen Kunden und Konkurrenten

Fragestellung	ja	nein
Sind Ihnen die Kunden überhaupt bekannt?		
Konnten Sie allein mit den Kunden über ihr bisheriges Verhältnis zum Betrieb sprechen?		
Beruht das Kundenverhältnis auf Unternehmensleistungen (oder nur auf persönlichen Kontakten)?		

Das richtige Wissen über die Kunden.

✓ Testen Sie: Ihre künftigen Kunden und Konkurrenten

Fragestellung	ja	nein
Kennen Sie die Kundenwünsche und deren eventuelle Kritik an bisherigen Zuständen?		
Hier geht es um die Konkurrenz:		
Kennen Sie die Konkurrenzsituation am Markt?		
Kennen Sie Leistungen und Preise der direkten Konkurrenten?		
Ist sichergestellt, dass sich die Konkurrenzsituation nicht plötzlich völlig verändern kann?		
Hat ein Sachverständiger Abschlüsse/Bilanzen zur Ermittlung des Unternehmenswertes geprüft?		
Stimmte diese Prüfung mit den Vorstellungen des bisherigen Besitzers in etwa überein?		
Ist bei Pacht oder Miete sichergestellt, dass Sie mehr Gewinn erzielen als der andere?		
Sind steuerliche Alternativen zu Kauf oder Miete (Leibrente) mit Experten durchgerechnet worden?		
Sind Eigentumsvorbehalte oder Sicherungsübereignungen wegen der Firmenkredite geklärt worden?		
Sind eventuelle Gläubiger mit der Übernahme durch Sie einverstanden?		
Kennen Sie die Gläubiger, und können Sie damit leben, in deren Schuld zu stehen?		
Ist sichergestellt, dass Sie nicht noch offene Steuerschulden der Vergangenheit tragen müssen?		
Ist sichergestellt, dass es keine Ihnen unbekannten Zusagen des Betriebes (Renten) für die Zukunft gibt?		

Wie ist es um die Konkurrenz bestellt?

Was Ihnen diese vier Tests demonstrieren können

Je mehr »nein« Sie zu verzeichnen hatten, desto größer muss Ihr Misstrauen werden. Sie sind nicht wirklich ausreichend informiert worden. Warum nicht? Hat Ihr künftiger Geschäftspartner vielleicht doch etwas zu verschweigen? Sie müssen – zu Ihrer eigenen Sicherheit – jedes »nein« durch eigene Recherche und ein »ja« ersetzen.

Ohne ausreichende Erfahrungen bei Betriebsbewertungen und Klärungen von Steuer- oder Rechtsfragen ist es nicht möglich, Vorteile und Tücken einer Übernahme oder Beteiligung tatsächlich abzuschätzen bzw. auszuräumen.

EXISTENZGRÜNDUNG IM ALLEINGANG

Allein klappt die Existenzgründung auch.

Wenn sich die Möglichkeiten einer Partner- oder Teilhaberschaft bzw. des Franchisings nicht mit Ihren Vorstellungen einer Existenzgründung decken, dann sollten Sie es besser im Alleingang probieren. Natürlich ist dieser Weg in aller Regel mühsamer und risikoreicher, aber eine Neugründung hat auch viele Vorteile.

Tipp: Bei einer völligen Neugründung sind durchschnittlich etwa 300.000,– DM als Anfangsinvestition zu veranschlagen.

Damit dieses Geld nicht in einer guten, aber dennoch gescheiterten Idee versickert, sollten Sie sich mit den folgenden Fragen testen, ob Sie wirklich der Einzelkämpfertyp für eine gänzliche Neugründung ohne Partner sind.

✎ Checkliste: Sind Sie fit für eine Neugründung?	Antwort	
	ja	nein
Besitze ich ausreichende kaufmännische Grundkenntnisse, um ein Unternehmen im Vorwege kalkulieren, aufbauen zu können?	☐	☐
Habe ich tatsächlich eine Unternehmensidee, die auf Dauer gesehen eine tragfähige Existenz verspricht und bei der es sich nicht nur um das Aufsatteln auf einen augenblicklichen Trend handelt?	☐	☐
Habe ich durchkalkuliert, ob sich der Einsatz an Geld und Zeit überhaupt lohnt?	☐	☐
Ist die Kapitaldecke ausreichend, um notwendige Investitionen finanzieren und eventuelle Anlaufschwierigkeiten überbrücken zu können?	☐	☐

✎ Checkliste: Sind Sie fit für eine Neugründung?	Antwort	
	ja	nein
Sind genügend Reserven vorhanden, um eventuell auch eine Anlaufzeit von zwei Jahren überstehen zu können, in der die Gewinne des Unternehmens für den bisherigen Lebensunterhalt der Familie nicht ausreichen?	☐	☐
Sind genügend Reserven vorhanden auch für die Zeit, bis ein ausreichender Kundenstamm aufgebaut worden ist?	☐	☐
Genügen die Reserven auch, um anfängliche Fehler, z. B. bei der Ausrichtung des Angebots oder des Sortiments, auszugleichen und notwendige Umstellungen vorzunehmen?	☐	☐
Sind die eigenen Erwartungen hinsichtlich des Umsatzes und des Gewinns durch Beratungen, z. B. durch die Experten der Handwerks- oder Industrie- und Handelskammern, bestätigt worden?	☐	☐
Ist die private Situation so stabil, dass die in einer Gründungsphase zwangsläufig auftretenden Belastungen mühelos weggesteckt werden können?	☐	☐
Steht Ihr privates Umfeld so hinter Ihnen, dass Sie vorläufig von kleinen Alltagssorgen befreit sind?	☐	☐

Ihre persönliche Ausgangslage analysieren.

Je häufiger Sie diese Fragen mit »ja« beantwortet haben, desto besser sind Sie mit der Neugründung vertraut.

DER CHECK IHRER GESCHÄFTSIDEE

Wie gut ist Ihre Idee wirklich? Die wichtigste Planungsgröße ist dabei für Sie Ihre ganz persönliche Umsatzerwartung im konkreten Einzelfall.

Es gibt zwei Methoden zur Berechnung:

1. Sie rechnen sich aus, wie hoch Ihr Gewinn sein muss, um alle Kosten zu tragen und Ihr Leben zu finanzieren. Dann checken Sie, wie hoch der Umsatz Ihres Geschäftes für diesen Gewinn sein muss. Buchhalter nennen das die Heraufrechnung. Wichtig dabei: Wie realistisch sind Ihre nun errechneten Umsatzerwartungen?

Das Heraufrechnen …

2. Natürlich geht es auch genau andersherum. Unter Berücksichtigung möglichst vieler Faktoren ermitteln Sie zunächst, wie viel Umsatz realistisch ist, und kommen dann von dieser Größe auf den Gewinn. Das nennt der Fachmann die Herabrechnung.

Die Herabrechnung.

Wir machen jetzt der Einfachheit halber mit dem Herabrechnen weiter. Denn dann müssen wir nicht alle betriebswirtschaftlichen Muster und Beispielrechnungen auf den Kopf stellen. Zunächst soll uns nur der Umsatz beschäftigen. Und da können wir Ihnen leider einige eigene Recherchen nicht ersparen. Denn jetzt kommt es doch schon sehr individuell auf Ihre Branche und Ihren Standort an – beides aber kennen bisher nur Sie. Deshalb können auch nur Sie die Fragen beantworten. Allerdings nicht allein, sondern z. B. im Zusammenspiel mit Beratern.

Lassen Sie sich in der Planungsphase beraten.

Sie werden übrigens schnell feststellen, dass wir uns hier kein reines Zahlenspiel liefern. Das wäre Unsinn, denn niemand gibt Geld ohne Grund aus. Also hängen die zu erwartenden Umsätze direkt mit der von Ihnen erdachten Unternehmensidee bzw. dem Produkt zusammen. All das haben wir im folgenden Test berücksichtigt.

✓ **Testen Sie: Ihre Geschäftsidee**	Antwort	
	ja	nein
Ist Ihre Idee bisher konkurrenzlos neu, oder, wenn nicht, hat Ihre Idee etwas völlig Einmaliges gegenüber anderen?	☐	☐
Bietet die Idee gegenüber anderen Angeboten einen Nutzen, der leicht erkennbar ist?	☐	☐
Haben Sie diese Idee selbst entwickelt oder verfeinert, also nicht irgendwo abgeschaut?	☐	☐
Haben Sie auch mal eine Negativliste zu Ihrer Idee aufgestellt, also aufgeschrieben, was alles eintreffen müsste, um Ihre Pläne scheitern zu lassen?	☐	☐
Wenn es um Kosten und Nutzen geht: Stehen die bei Ihrem Angebot in einem guten Verhältnis?	☐	☐

✓ Testen Sie: Ihre Geschäftsidee	Antwort	
	ja	nein
Begreift Ihr Kunde auf Anhieb, dass Ihr Konzept ihm Nutzen bringt?	☐	☐
Gibt es für Sie erkennbare Gründe, warum bisher noch niemand Ihre Idee umgesetzt hat?	☐	☐
Haben Sie über Ihre Idee mal im Freundeskreis gesprochen und dabei positive Reaktionen erfahren?	☐	☐
Haben Sie schon mal Experten mit Ihrer Idee konfrontiert und positive Einschätzungen bekommen?	☐	☐
Der Bedarf nach Ihrem Produkt – sind Sie sicher, dass er dauerhaft anhält?	☐	☐
Glauben Sie, dass sich Ihr Produkt auch ohne große Werbung durchsetzen wird?	☐	☐
Falls nicht – gibt es Reserven, um Werbung bezahlen zu können?	☐	☐
Kennen Sie Ihre Zielgruppe genau?	☐	☐
Wird Ihr Produkt auf eine regelmäßige, einschätzbare Nachfrage stoßen?	☐	☐
Wissen Sie, welche Kundenwünsche an Ihr Produkt gestellt werden?	☐	☐
Beruht die Betrachtung der Kundenwünsche auf Marktbeobachtungen bzw. -kenntnissen, also nicht auf bloßen Vermutungen?	☐	☐
Gibt es eindeutige Hinweise auf gute Zukunftsaussichten für Ihr Produkt, ist es also keine Eintagsfliege?	☐	☐
Ergibt sich durch Ihre Idee ein für Sie nutzbares Folgegeschäft, welches Einmalkunden zu Stammkunden macht?	☐	☐
Ist ein allgemeiner, künftiger Bedarf auch an Ihrem Standort vorhanden?	☐	☐
Wissen Sie, mit welcher Kundenfrequenz (Tag/ Monat) zu rechnen ist?	☐	☐
Haben Sie überprüft, wie viel jeder Kunde pro Geschäftsbesuch in Ihrer Standortnähe ausgibt?	☐	☐
Sind diese Zahlen durch Untersuchungen, Statistiken o. Ä. belegt?	☐	☐

Ihre Sachkenntnisse müssen ausreichen.

✓ **Testen Sie Ihre Geschäftsidee**	Antwort	
	ja	nein
Können Sie aus Kundenzahl und deren Ausgaben Umsatzwerte ableiten?	☐	☐
Sind schnelle umsatzsenkende Trend-/Modewenden auszuschließen?	☐	☐
Sind Sie sicher, dass Großkunden oder Hauptlieferanten Sie nicht unter Druck setzen können (z. B. durch ein Preisdiktat)?	☐	☐
Könnten Konkurrenten über Lieferanten indirekt Druck auf Sie ausüben?	☐	☐
Haben Sie Partner, Angehörige, Freunde, auf die Sie sich voll verlassen können?	☐	☐
Sind Sie davon überzeugt, dass Ihre Kunden zufriedener sein werden?	☐	☐
Kennen Sie Ihre wichtigsten Konkurrenten am Markt, in der Nähe?	☐	☐
Bestätigen sich Ihre Umsatzerwartungen, wenn Sie Ihre Konkurrenz beobachten?	☐	☐
Können Sie die Preise und Qualitäten der Konkurrenten auf Anhieb zusammenfassen?	☐	☐
Überbieten Sie die Konkurrenz auf mehr als einem Gebiet?	☐	☐
Werden ihre Kunden diese Vorteile leicht erkennen können?	☐	☐
Sind Sie gewappnet, wenn die Konkurrenten zurückschlagen (Preis-, Werbekrieg)?	☐	☐
Können Sie solche Abwehrmaßnahmen nicht nur finanziell, sondern auch nervlich durchstehen?	☐	☐
Haben Sie einen Schlachtplan, wenn der Konkurrenzkrieg beginnt, also noch »Trümpfe im Ärmel«?	☐	☐

Die Auswertung

Bei manchen Fragen werden Sie den Eindruck gewonnen haben, dass wir uns wiederholen, verschiedene Fragen in die gleiche Richtung zielen. Aber das ist durchaus beabsichtigt, denn dabei geht es um Kernfragen der Existenzgründung.

Und gerade die wollen nun mal absolut von allen Seiten beleuchtet sein. Nicht um Sie zu verwirren, sondern um Sie vor Fehleinschätzungen oder -interpretationen zu bewahren – und vor jetzt noch leicht zu korrigierenden, später aber womöglich bitteren finanziellen Folgen zu schützen.

Bei jedem »nein« sollten Sie aufmerksam werden, denn hier steckt ein Punkt, den Sie für sich oder mit Ihrem Berater unbedingt noch klären sollten. Je häufiger Sie mit »nein« geantwortet haben, desto mehr stehen Sie vermutlich noch am Anfang Ihrer Überlegungen zur Existenzgründung, haben noch keinen ganz konkreten Plan gefasst.

Mögliche Schwachpunkte ausräumen.

Es kann aber auch sein, dass Sie an diesen Stellen deutliche Hinweise auf Schwachpunkte in Ihren bisherigen Überlegungen gefunden haben.

Bei jedem »ja« wird deutlich, dass Sie schon über eine ganze Menge detaillierter Informationen verfügen. Auf dieser Basis wird es Ihnen nicht schwer fallen, sicherheitshalber durch weitere Gespräche und Recherchen festzustellen, mit welchem Umsatz Sie zu rechnen haben.

Die Frage nach dem Umsatz

Je realistischer Sie hier sind, desto sicherer und besser für Ihr Geschäft. Beantworten Sie die folgenden Fragen bitte ganz kritisch:

- Wie viel Geld wird der einzelne Kunde Ihnen an Umsatz bringen?
- Wie viele Kunden können Sie pro Tag erwarten?

Die Einnahmen abschätzen.

Mit diesen beiden Zahlen sowie denen der Geschäftstage pro Monat lässt sich leicht ausrechnen, wie hoch der erhoffte Umsatz ausfällt.

DER FINANZPLAN

Für einen soliden Finanzplan müssen Sie genau wissen, wie viel Geld Sie für die Existenzgründung benötigen und was Sie mit dem Geld vorhaben. Sonst riskieren Sie schon im Vorfeld ein Scheitern Ihrer Existenzgründung.

Ganz wichtig ist es hierbei, dass Sie nicht nur über die Start-
phase nachdenken, sondern am besten gleich einen Zeitraum von fünf Jahren in Ihre Kalkulationen hinsichtlich Ihres
Finanzplans aufnehmen.

Der Finanzplan ist ganz sicher etwas, was Sie mit Ihrem
Gründungsberater gründlich durchsprechen sollten, denn er
kann bei vielen Summen mit seiner Erfahrung realistischeres
Zahlenmaterial liefern.

Gerade die Betriebsmittel sind Kapital, bei dem Anfänger oft
viel zu knapp kalkulieren. Sie dürfen nicht den Fehler machen und davon ausgehen, dass Sie die laufenden Kosten
des Unternehmens sofort aus den laufenden Einnahmen be-
gleichen können.

Sechs bis zwölf Monate nach Geschäftsgründung werden
Ausgaben und Eigenentnahme in aller Regeln noch nicht
von den Einnahmen gedeckt. Sie brauchen also Mittel, um
zuschießen zu können.

Die Aufstellung Ihres Finanzplans kann zunächst nur eine
vorläufige Kalkulation sein, auf die Sie aber trotzdem kei-
nesfalls verzichten sollten.

*Ein Einnah-
meplus stellt
sich nicht so-
fort ein.*

Benötigte finanzielle Mittel

Ohne Ihre genauen Einnahmen zu kennen, können Sie bereits drei Posten ermitteln:

1. Der kurzfristige Kapitalbedarf
   Das sind die Ausgaben für Ihre Geschäftsgründung,
   z. B. Waren- und Materialeinkäufe, die sich erst später
   rentieren.

2. Der langfristige Kapitalbedarf
   Die Grundausrüstung (z. B. Regale, Kasse, Gefriertru-
   hen, Theke etc. für einen Lebensmittelladen)

3. Der laufende Kapitalbedarf
   Angefangen mit Ihrer Eigenentnahme (was Sie zum Lebensunterhalt brauchen), sind mit diesem Posten Mieten, Versicherungsbeiträge oder Löhne gemeint; man
   spricht von den Betriebsmitteln.

✎ Checkliste: kurzfristiger Kapitalbedarf

Anmeldungskosten (Genehmigungen, Handelsregistereintrag, notarielle Beurkundungen)	**DM**
Beratungskosten (Vertragsentwürfe z. B. vom Rechtsanwalt, Gründungs-beratung)	**DM**
Beschaffungskosten für Einkäufe (evtl. Reisekosten, weil Sie erst mal zu Liefe-ranten müssen)	**DM**
Eröffnungskosten (z. B. für Werbung, Kataloge, Prospekte, Geschäftspapier, Leuchtreklame)	**DM**
Hilfs- und Betriebsstoffe (vom Gleitöl für die Drehbank bis zu Kleinteilen für Installationen)	**DM**
Installationskosten (für Aufbau von Maschinen, Einrichtung, EDV-Anpassung)	**DM**
Mietvorauszahlung (außerdem Maklerkosten, wenn nicht schon bei Grund-stück/Gebäude erfasst)	**DM**
Ware und Material (für die Erstausstattung des Lagers und für den Produk-tionsstart)	**DM**
… (tragen Sie hier Posten ein, die Ihnen bei unserer Auflistung fehlen)	**DM**
…	**DM**
…	**DM**
…	**DM**
Reserve (ganz sicher haben Sie etwas übersehen – kalkulieren Sie zehn Prozent der vorherigen Kosten ein)	**DM**
Kapitalbedarf 1 (Zwischensumme inkl. Reserve)	**DM**

✎ Checkliste: langfristiger Kapitalbedarf

Einrichtungen (bewegliche Teile, z. B. vom Schreibtisch bis zum Akten- regal und zur Lampe)	DM
Fahrzeuganschaffung (evtl. inkl. erforderlicher Umrüstungen oder Einbauten, je nach Gewerbe)	DM
Gebäudekauf (inkl. Nebenkosten, z. B. Makler, Notar, Grunderwerb- steuer)	DM
Grundstückskauf (inkl. Nebenkosten, z. B. Notar, Grunderwerbsteuer, Ver- messungskosten)	DM
Maschinenkauf und Anschaffung von Geräten (von Anrufbeantworter bis Zange)	DM
Umbaukosten (auch für Mieträume, z. B. Trennwände, Teppiche, san. Einrichtungen)	DM
... (tragen Sie hier Posten ein, die Ihnen bei unserer Auflistung fehlen)	DM
...	DM
Reserve (weil bestimmt etwas vergessen wurde – kalkulieren Sie zehn Prozent der vorherigen Kosten ein)	DM
Kapitalbedarf 2 (Zwischensumme inkl. Reserve)	DM

✎ Checkliste: laufender Kapitalbedarf (alle Kosten für ein Jahr)

Büro-, Verwaltungskosten (von Porto, Telefon bis zu Heftklammern, Briefumschlägen)	DM
Franchisegebühren	DM
Leasingkosten	DM
Miete, Pacht	DM
Mietnebenkosten (z. B. Heizung, Wasser, Energie)	DM

🖉 Checkliste: laufender Kapitalbedarf (alle Kosten für ein Jahr)

Personalkosten (aber nicht Ihr eigenes Gehalt)	DM
Privatentnahmen Wie viel Geld brauchen Sie im Monat?	DM
Serviceverträge (z. B. für die Wartung von Maschinen)	DM
Versicherungen (z. B. Betriebshaftpflicht, Produktionsausfall, Vermögensschaden, Feuer usw.)	DM
Zinsen, Tilgungen (für alle Finanzierungen)	DM
... (tragen Sie hier Posten ein, die Ihnen bei unserer Auflistung fehlen)	DM
...	DM
...	DM
Reserve (kalkulieren Sie wieder zehn Prozent der vorherigen Kosten ein, auch wegen der Außenstände)	DM
Kapitalbedarf 3 (Zwischensumme inkl. Reserve)	DM

Ergebnis

Wenn Sie die drei Summen des Kapitalbedarfs zusammenrechnen, dann wissen Sie, wie viel Kapital Sie insgesamt brauchen.

Endgerbnis dieser drei Tabellen	
Kapitalbedarf 1	DM
Kapitalbedarf 2	DM
Kapitalbedarf 3	DM
Gesamtkapitalbedarf (Summe aus Feldern 1–3 inkl. Reserve)	DM

So viel Geld benötigen Sie.

Nun lassen sich die finanziellen Seiten der Geschäftsgründung einigermaßen überblicken. Und wenn Sie jetzt schon feststellen, dass alle überschlägigen Rechnungen übertroffen werden und Sie irgendwo Abstriche machen müssen, haben wir auch dazu ein paar Tipps.

Hier kann der Rotstift angesetzt werden

Spartipp 1: Nehmen Sie von den neuen Maschinen oder Einrichtungen Abstand. Viel günstiger können Sie Ihren Bedarf z. B. aus Konkursmassen abdecken oder mit gebrauchten Sachen.

Wenn die Mittel nicht ganz reichen sollten.

Spartipp 2: Leasen statt kaufen. Leasen kann man nämlich alles – vom Kugelschreiber bis zum Werkzeugkoffer.

Spartipp 3: Freie Mitarbeiter und Zeitpersonal statt fest angestellter Kräfte. In der Anlaufphase müssen Sie nicht alle Schreibtische Ihres Unternehmens ständig besetzt haben.

Leasing spart Steuern – nur für Unternehmer

> **Leasingfaustregel**
> Leasing lohnt sich immer dann, wenn alles verfügbare Geld in Geschäfte gesteckt wird, die so rentabel sind, dass die Mehrkosten für das Leasing gegenüber einem Kauf oder einer Kreditfinanzierung nicht ins Gewicht fallen.

Zwei Beispiele für lohnendes Leasing: Ist das Firmenauto geleast, geht es zu keinem Zeitpunkt in den Besitz der Firma über. Also muss es auch nicht in das zu versteuernde Anlagevermögen Ihrer Bilanz aufgenommen werden.

Steuervorteile und Preisvorteile können das Leasing interessant machen.

Leasingraten und Sonderzahlungen sind als Geschäftskosten wie eine Miete sofort voll absetzbar, das bringt auch Vorteile bei der Gewerbesteuer.

Gerade in der Gründungsphase attraktiv:

Preisvorteile durch Rabatte, die Leasinggesellschaften als Großabnehmer bekommen, werden an die Kunden weitergegeben, und es werden keine Sicherheiten verlangt bzw. gebunden.

142

Hinweis für unsere Leser

Alle Empfehlungen und Rechenbeispiele in diesem Buch basieren auf den Erkenntnissen sowie der Gesetzeslage zum Zeitpunkt des Redaktionsschlusses (Mai 2000) und wurden mit der größtmöglichen Sorgfalt zusammengestellt. Dabei wurde darauf geachtet, dass die gewählten Beispiele allgemein übertragbar sind. Weil sich im Einzelfall und durch Änderungen von Gesetzen und Vorschriften eventuell andere Umstände ergeben können, ist jedoch eine Haftung von Autoren, Produzent und Verlag für Vermögensschäden aus der Anwendung der hier erteilten Ratschläge ausgeschlossen.

Konzept und Realisation: Livingston Media, 20148 Hamburg

Redaktion: Cornelia Osterbrauck
Projektleitung: Dr. Harald Kämmerer
Redaktionsleitung: Dr. Reinhard Pietsch
Umschlag: Till Eiden
Herstellung: Manfred Metzger (Ltg.), Annette Aatz
DTP/Satz: Irmi Putterer, München
Printed in Italy

Gedruckt auf chlor- und säurefreiem Papier

ISBN 3-517-06276-6

REGISTER